高等院校特色规划教材

化工原理实验

主　编　包　强　张　健　罗明检
副主编　胡云峰　刘先军

石油工业出版社

内 容 提 要

本书针对化工及其相关专业"化工原理实验"课程的教学需要编写,以实验研究方法为主线,兼顾理论性和实用性。全书分为五个部分,包括绪论、实验误差和有效数字、实验数据处理、化工原理基本实验、附录。实验内容涵盖了流体流动、传热、精馏、吸收、萃取、干燥等典型化工单元操作过程,既有验证性实验、演示实验,又有综合性实验。每个实验包含实验目的、基本原理、操作方法、数据处理、注意事项、思考题等内容。

本书可作为普通高等院校化工、制药、环境、材料、能源、冶金、纺织、轻工等专业本科"化工原理实验"或相关课程的教材和教学参考书,也可供化工领域的科研人员参考。

图书在版编目(CIP)数据

化工原理实验/包强,张健,罗明检主编. —北京:石油工业出版社,2022.6

高等院校特色规划教材

ISBN 978-7-5183-5391-0

Ⅰ.①化… Ⅱ.①包…②张…③罗… Ⅲ.①化工原理—实验—高等学校—教材 Ⅳ.①TQ02-33

中国版本图书馆 CIP 数据核字(2022)第 090054 号

出版发行:石油工业出版社
　　　　　(北京市朝阳区安华里2区1号楼　100011)
　　　　　网　　址:www.petropub.com
　　　　　编辑部:(010)64256990
　　　　　图书营销中心:(010)64523633　(010)64523731
经　　销:全国新华书店
排　　版:北京密东文创科技有限公司
印　　刷:北京中石油彩色印刷有限责任公司

2022年6月第1版　2022年6月第1次印刷
787毫米×1092毫米　开本:1/16　印张:7.5
字数:124千字

定价:20.00元
(如发现印装质量问题,我社图书营销中心负责调换)
版权所有,翻印必究

前　言

"化工原理"又称"化工单元操作",主要研究化工生产过程中物料输送、换热和混合物分离等物理过程,是模拟计算与实验紧密结合的化工基础课。化工原理实验是认识"化工原理"课程中所述过程,掌握化工生产过程中的原理,并将这些原理应用于生产过程设计的必要环节。其目的在于验证有关化工单元操作的理论,巩固和加强对理论的认识和理解;熟悉实验装置的结构、性能和流程,并通过实验操作和对实验现象的观察,培养学生正确观察、深入思考、合理分析等良好的科学素养、工作习惯和实事求是的科学态度,掌握先进的测量手段和计算机模拟在化工原理实验教学中的应用,进而全面提高学生的创新能力和综合素质。

"化工原理实验"课程所涉及的内容相当广泛,本书不可能包罗所有内容,故根据教育部化工类专业教学指导委员会化学工程与工艺专业培养方案和"化工原理实验"教学的基本要求,结合实际情况精选合适的实验内容。本书具有如下特点:(1)通过不同的实验研究过程,培养学生本科阶段所需的各项实验能力。(2)实验内容尽可能接近工厂实际生产条件,以训练学生工程能力。(3)采用形式多样的实验教学模式,既有单项实验,也有综合性实验、研究型实验和设计型实验,强化学生综合能力和创新能力。

本书由东北石油大学化学化工学院组织相关教师编写,由包强、张健、罗明检任主编,胡云峰和刘先军任副主编,孙征楠、刘发堂、王池嘉参编。

本书在编写过程中得到了东北石油大学化学化工学院的大力支持,也得到了东北石油大学化学化工学院化学工程与工艺一流本科专业建设项目的支持,在此一并表示感谢。

由于编者水平有限,不足之处,敬请读者批评指正。

编　者
2022 年 3 月

目 录

第1章 绪 论 ... 1
1.1 课程的地位和作用 ... 1
1.2 课程的任务、内容和特点 ... 2
1.3 实验课学习要点 ... 5

第2章 实验误差和有效数字 ... 10
2.1 实验误差 ... 10
2.2 有效数字 ... 14

第3章 实验数据处理 ... 17
3.1 列表法 ... 17
3.2 图示法 ... 19
3.3 实验数据的回归分析法 ... 23

第4章 化工原理基本实验 ... 25
4.1 伯努利方程流体能量转化实验 ... 25
4.2 流体阻力测定实验 ... 31
4.3 离心泵特性曲线的测定实验 ... 36
4.4 恒压过滤参数的测定实验 ... 41
4.5 离心风机、流化床、旋风分离器性能测定实验 ... 47
4.6 综合传热系数测定实验 ... 53
4.7 精馏塔的操作与塔板效率的测定实验 ... 65
4.8 二氧化碳吸收与解吸实验 ... 71
4.9 板式塔流体力学性能演示实验 ... 79
4.10 填料塔流体力学性能测定实验 ... 85

  4.11 液液萃取实验 ……………………………………………………………… 91
  4.12 干燥速率曲线测定实验 …………………………………………………… 97
  4.13 化工管路拆卸综合实验 …………………………………………………… 104

附　录 …………………………………………………………………………… 108
  附录1 气相色谱仪 ……………………………………………………………… 108
  附录2 阿贝折光仪 ……………………………………………………………… 112

参考文献 ………………………………………………………………………… 114

第1章 绪论

1.1 课程的地位和作用

1.1.1 课程的地位

化工原理是建立在实验基础上的科学,不仅有完整的理论体系,而且有一些独特的实验研究方法。"化工原理"课程的教学除了系统地讲授理论外,实验教学也是一项必不可少的实践环节。因此实验教学在"化工原理"教学中的作用、地位及意义,决不容忽视。"化工原理实验"课程在完成传统的各类单元操作实验的同时,应增设计算机数据采集实验、计算机过程控制实验等教学内容。这样通过运用新技术,在有限的学时数下,不仅能完成单元设备的操作型实验,还能引入综合性、设计性实验。将传统的在实验室内进行的物理(实物)实验和计算机仿真实验系统协调地结合(或配合),可以扩展实验内容、节省实验时间、提高实验人员的综合素质和工作效率,而且对提高学生创造性和动手能力都是十分有利的。

1.1.2 课程的作用

(1) 与传统课堂教学相比,实验课从形式到内容,都更加多样化、更加生动活泼。在实验前为了弄清楚将要使用的实验装置和仪器仪表的基本原理及操作方法，或在实验进行的过程中以及处理实验数据和分析实验结果的时候，都会遇到各种各样亟待思考和处理的问题。这些问题涉及的知识面很广，涉及流体力学、传热、精馏、过滤、干燥等多方面问题，几乎涵盖了化工生产过程的各方面，其中有理论问题，也有实际问题。为了解决这些问题，既要动手、更要动脑，如果教师能因势利导地进行启发，与学生一起讨论问题，则对于学生提出问题、分析问题和解决问题能力的培养是十分有利的。这类独立思考、创新意识的训练是课堂教学所无法替代的。

(2)与传统课堂教学相比，实验课的学生们在教师心目中的表现是比较充分、比较全面的。不少学生在实验中始终都是全力以赴，有条不紊，既注意学又懂得练，当然有的做得差些。可见，在实验课中存在大量的素质教育的机会和素材。在实验课进行素质教育所针对的问题主要有：对于科学问题和所负责的工作要有责任感，能与他人合作共事，办事有条有理，严肃认真，实事求是，不图虚名，不浮躁，勤奋好学，敢于创新。

在实验课这种特定的场合下，引导学生自觉地修炼，提高自己素质水平，他们是能够理解的，效果也比较好。实际上，培养喜欢做实验且实验研究工作能力很强的人，也是社会对高校的要求之一。

1.2 课程的任务、内容和特点

1.2.1 课程的任务

(1)在学习"化工原理"课程的基础上，给学生提供一个理论联系实际的机会。学习运用所学的理论知识去解决生产中的各种实际问题，同时学习在化工领域内如何通过实验获得新的知识和信息。

(2)进行化工实验基本技能的训练，学习化工实验的基本方法和测量技术，培养学生从事化工科学实验研究的能力。

(3) 培养学生在化工科技领域内提出问题、分析问题和解决问题的能力以及清楚正确表达实验结果、进行技术交流的能力。

(4) 培养学生的科学态度和科学作风,提高学生的素质水平。

(5) 随着科技的发展,不断引进新的化工技术和实验技术,开阔学生的眼界,启发学生的创新意识。

1.2.2 课程的内容

1. 教材

"化工原理实验"课程由课堂讲授和学生在实验室做实验两部分组成。由于本实验课面向化工、环境、应化、高分子等多个专业,学时数各有不同,《化工原理实验》教材按总学时 52 学时编写。教材在每个实验后面都附有一定量的思考题。教材中的大部分内容,需要学生在上实验课的全过程中结合所做实验进行自学。学生在上实验课前要结合教材完成预习工作。

2. 拟开出的实验类型

由于学校条件或课程学时所限,拟开出以下基本实验(以配合"化工原理"课程教学为目的):(1)伯努利方程流体能量转化实验;(2)流体阻力测定实验;(3)离心泵特性曲线的测定实验;(4)恒压过滤参数的测定实验;(5)离心风机、流化床、旋风分离器性能测定实验;(6)综合传热系数测定实验;(7)精馏塔的操作与塔板效率的测定实验;(8)二氧化碳吸收与解吸实验;(9)板式塔流体力学性能演示实验;(10)填料塔流体力学特性测定实验;(11)液液萃取实验;(12)干燥速率曲线测定实验;(13)化工管路拆卸综合实验。

3. 教材内容和实验内容的关系

教材涉及的内容是所列各实验中遇到的一些共性问题,主要包括:(1)估算和分析实验数据的误差;(2)实验数据的一些通用处理方法;(3)一些可提高实验工作效率的实验设计方法;(4)实验方法和内容;(5)对一些实验技术问题以及某些异常现象的处理方法的讨论;(6)实验预习和实验报告。

1.2.3 课程的特点

本实验课程以培养高等化工科技人才应具有的一些能力和素质为主要目的,将能力和素质培养贯穿于实验课的全过程。

(1)先讲授实验方法,后让每个学生都必须动手做实验,目的是培养学生的动手能力。

(2)要求学生独立完成实验报告,目的是培养处理实验数据的能力。

(3)要求学生在撰写实验报告中,务必要对实验的数据进行全面的误差估算和分析,目的是培养学生对实验数据进行估算和分析的能力。

(4)对实验报告的书写,要求十分严格,目的是培养正确书写实验报告的能力。

(5)实验前检查学生实验原始数据表格和项目清单的准备情况,实验结束时对学生的实验原始数据记录进行检查和签字,并严格要求学生做好实验的收尾工作和现场清洁卫生,目的是促使学生逐渐养成对待科学和工作严肃认真的科学作风及良好的习惯。

(6)教材内容多、讲授内容少,实验过程中引导学生自学教材中的有关内容,这不只是为了解决学时数不够的问题,更重要的是让学生培养自学科学书刊的习惯和爱好,学会自学这种可以受益终身的学习方法。

课程内容强调实践、注意工程概念,做到几个结合:

(1)验证"化工原理"课程中最基本的理论与培养学生掌握实验研究方法、提高分析和解决实际问题的能力相结合。

(2)单一验证性实验与综合性、设计性实验相结合,以便训练学生的独立思考、综合分析处理问题的能力。

(3)理论与实践密切结合,在本教材各章节内容选择上,紧扣化工原理课程内容,这样做便于学生自学教材内容和将所学的理论知识立即用于实验之中,引导学生举一反三,为下一年的毕业实践和今后处理工程实际问题打下基础。

(4)传统的与近代的实验方法、测试手段及数据处理技术相结合。

(5)注意当前和发展相结合,将完成实验教学基本内容与因材施教、拓宽加深实验教学内容和方法、培养创新精神相结合。

1.3 实验课学习要点

1.3.1 预习

预习是做好实验的前提,因此实验前一定要预习实验,具体要求如下:

(1)认真阅读本教材相关内容,弄清实验的目的、内容及注意事项。

(2)根据实验的具体任务,研究实验的做法及其理论根据,分析应该测取哪些数据,并估计实验数据的变化规律。

(3)在现场结合本教材相关内容,仔细查看设备流程,掌握主要设备的构造、仪表种类、安装位置、启动和使用方法。

(4)列出需在实验室得到的全部原始数据和操作现象观察项目的清单,并画出便于记录的原始数据表格。

(5)拟定实验方案和操作条件,思考以下几个问题:设备的启动程序怎样?如何调整操作条件?实验数据应如何布点?

1.3.2 实验数据记录

(1)每位学生都应有一个完整的原始数据记录表,在表格中应记下各项物理量的名称、表示符号和单位。不应随便拿一张纸就记录,要保证数据完整,除了记录测取的数据外,还应将装置设备的有关尺寸、大气条件等数据记录下来。

(2)实验时一定要在现象稳定后才开始读数据,条件改变后,要等待一会儿才能读取数据,这是因为稳定需要一定时间,而仪表通常又有滞后现象。不要条件一改变就测数据,引用这种数据做报告,结论是不可靠的。

(3)同一条件下至少要读取两次数据,而且只有当两次读数相近时才能改变操作条件。

(4)每个数据记录后,应该立即复核,以免发生读错或写错数字等事故。

(5)数据必须真实地反映仪表的精度,一般要记录至仪表上最小分度以下一位数。

(6)实验中如果出现不正常情况以及数据有明显误差时,应在备注栏中加以注明。

1.3.3 实验报告

按照一定的格式和要求,表达实验过程和结果的文字材料,称为实验报告。它是实验工作的全面总结和系统概括,是实验工作不可缺少的重要环节。完整的实验报告一般应包括以下几方面的内容:

(1)实验安全;

(2)实验目的;

(3)实验的理论依据(实验原理);

(4)实验装置的流程示意图和测试点的位置,主要设备、仪表的名称,实验操作方法和注意事项;

(5)实验小组分工及数据记录;

(6)数据整理表或作图及数据整理计算过程举例;

(7)对实验结果的分析与讨论(实验结论和误差分析);

(8)思考题;

(9)本实验与实际生产的对比分析(经济、环境、社会等方面论述);

(10)实验改进建议。

1.3.4 实验室安全

实验室的安全应当是实验教学中最重视的问题。"化工原理实验"是一门实践性很强的基础课程,每一个实验相当于一个小型单元生产流程——将电器、仪表和机械传动设备等组合为一体;而且在实验过程不免要接触易燃、易爆、有腐蚀性和毒性或放射性等的物质和化合物,同时还会遇到在高压或高真空、高温或低温条件下操作;此外,还要涉及用电和仪表操作等方面的问题,故要想有效地达到实验目的就必须掌握一定的安全知识。

1. 化学药品的正确使用和安全防护

1)防毒

大多数化学药品都有不同程度的毒性。有毒化学药品可通过呼吸道、消化道和皮肤进入人体而使人发生中毒现象。例如,HF 侵入人体,将会损伤牙齿、骨骼、造血系统和神经系统;烃、醇、醚等有机物对人体有不同程度的麻醉作用;三氧化二砷、氰化物、氯化高汞等是剧毒品,吸入少量会致死。

防毒注意事项:(1)实验前应了解所用药品的毒性、性能和防护措施;(2)使用有毒气体(如 H_2S、Cl_2、Br_2、NO_2、HCl、HF)应在通风橱中进行操作;(3)苯、四氯化碳、乙醚、硝基苯等蒸气经常久吸会使人嗅觉减弱,必须高度警惕;(4)有机溶剂能穿过皮肤进入人体,应避免直接与皮肤接触;(5)剧毒药品(如汞盐、镉盐、铅盐等)应妥善保管;(6)实验操作要规范,离开实验室要洗手。

2)防火

防止煤气管、煤气灯漏气,使用煤气后一定要把阀门关好;乙醚、酒精、丙酮、二硫化碳、苯等有机溶剂易燃,实验室不得存放过多,切不可倒入下水道,以免集聚引起火灾;钠、钾、铝粉、电石、黄磷以及金属氢化物要注意使用和存放,尤其不宜与水直接接触;万一着火,应冷静判断情况,采取适当措施灭火,可根据不同情况,选用水、沙、泡沫、CO_2 或 CCl_4 灭火器灭火。

3)防爆

化学药品的爆炸分为支链爆炸和热爆炸。氢、乙烯、乙炔、苯、乙醇、乙醚、丙酮、乙酸乙酯、一氧化碳、水煤气和氨气等可燃性气体与空气混合至爆炸极限,一旦有一热源诱发,极易发生支链爆炸;过氧化物、高氯酸盐、叠氮铅、乙炔铜、三硝基甲苯等易爆物质,受震或受热可能发生热爆炸。

防爆措施:对于防止支链爆炸,主要是防止可燃性气体或蒸气散失在室内空气中,应保持室内通风良好;当大量使用可燃性气体时,应严禁使用明火和可能产生电火花的电器。对于预防热爆炸,强氧化剂和强还原剂必须分开存放,使用时轻拿轻放,远离热源。

4)防割伤

实验室中玻璃仪器和器皿较多,破裂时易割伤皮肤,当药品渗入伤口时,容易引发感染且不易愈合。

为防割伤,应注意下列事项:(1)折断玻璃管或安装玻璃洗瓶时,要戴上手套或用布包住;(2)使用玻璃仪器或器皿前,先进行检查,不要使用有裂纹的器皿;(3)若发生割伤,先挑出伤口的异物,然后打开实验室安全急救箱,取用红药水、紫药水或消炎粉处理。

5）防灼伤

除了高温以外,液氮、强酸、强碱、强氧化剂、溴、磷、钠、钾、苯酚、醋酸等物质都会灼伤皮肤,应注意不要让皮肤与之接触,尤其防止溅入眼中。若发生烫伤,涂抹烫伤药(如万花油),不要把烫的水泡挑破;若发生酸伤,先用大量水冲洗,再用饱和碳酸氢钠溶液或稀氨水冲洗,最后再用水冲洗;若发生碱伤,先用大量水冲洗,再用醋酸溶液(20g/L)或硼酸溶液冲洗,最后用水冲洗。

6）汞的安全使用

汞是化学实验室的常用物质,毒性很大,且进入体内不易排出,形成积累性中毒;高汞盐(如 $HgCl_2$)0.1~0.3g 可致人死亡;室温下汞的蒸气压为 0.0012mmHg,比安全浓度标准大 100 倍。

安全使用汞的操作规定:(1)汞不能直接露于空气中,其上应加水或其他液体覆盖;(2)任何剩余量的汞均不能倒入下水槽中;(3)储汞容器必须是结实的厚壁器皿,且器皿应放在瓷盘上;(4)装汞的容器应远离热源;(5)万一汞掉在地上、台面或水槽中,应尽可能用吸管将汞珠收集起来,再用能形成汞齐的金属片(Zn、Cu、Sn 等)在汞溅处多次扫过,最后用硫磺粉覆盖;(6)实验室要通风良好;(7)手上有伤口,切勿接触汞。

2. 用电安全

实验室常用电为频率 50Hz、电压 200V 的交流电。1mA 的电流通过人体,便有发麻或针刺的感觉;10mA 以上人体肌肉会强烈收缩;25mA 以上则呼吸困难,就有生命危险。直流电对人体也有类似的危害。

为防止触电,应做到:(1)修理或安装电器时,应先切断电源;(2)使用电器时,手要干燥;(3)电源裸露部分应有绝缘装置,电器外壳应接地线;(4)不能用试电笔去试高压电;(5)不应用双手同时触及电器,防止接触时电流通过心脏;(6)一旦有人触电,应首先切断电源,然后抢救。

一切仪器应按说明书装接适当的电源,需要接地的一定要接地;若是直流电气设备,应注意电源的正负极,不要接错;若电源为三相,则三相电源的中性点要接地,这样万一触电时可降低接触电压;接三相电动机时要注意正转方向是否符合,否则,要切断电源,对调相线;接线时应注意接头要牢,并根据电器的额定电流选用适当的连接导线;接好电路后应仔细检查,无误后方可通电使用;仪器发生故障时应及时切断电源。

3. 使用高压容器的安全防护

化学实验常用到高压储气钢瓶和一般受压的玻璃仪器,使用不当,会导致爆炸,需掌握有关常识和操作规程。

(1)气体钢瓶的识别(颜色相同的要看气体名称):氧气瓶——天蓝色;氢气瓶——深绿色;氮气瓶——黑色;纯氩气瓶——灰色;氦气瓶——棕色;压缩空气瓶——黑色;氨气瓶——黄色;二氧化碳气瓶——黑色。

(2)高压气瓶的安全使用:气瓶应专瓶专用,不能随意改装;气瓶应存放在阴凉、干燥、远离热源的地方,易燃气体气瓶与明火距离不小于5m;氢气瓶最好隔离;气瓶搬运要轻要稳,放置要牢靠;各种气压表一般不得混用;氧气瓶严禁油污,注意手、扳手或衣服上的油污;气瓶内气体不可用尽,以防倒灌;开启气门时应站在气压表的一侧,不准将头或身体对准气瓶总阀,以防阀门或气压表冲出伤人。

第2章 实验误差和有效数字

通过实验测量所得的大批数据是实验的初步结果,但在实验中由于测量仪表和人的观察等方面的原因,实验数据总存在一些误差,即误差的存在是必然的,具有普遍性。因此,研究误差的来源及其规律性,尽可能地减小误差,以得到准确的实验结果,对于寻找事物的规律、发现可能存在的新现象是非常重要的。

误差估算与分析的目的就是评定实验数据的准确性,通过误差估算与分析,可以认清误差的来源及其影响,确定导致实验总误差的最大组成因素,从而在准备实验方案和研究过程中,有的放矢地集中精力消除或减小产生误差的来源,提高实验的质量。

目前误差应用和理论发展日益深入与扩展,涉及内容非常广泛,本章只就化工原理实验中常遇到的一些误差的基本概念与估算方法作一扼要介绍。

2.1 实验误差

2.1.1 实验数据的测量

科学实验总是和测量紧密相连的,这里主要讨论恒定的静态测量,一般把它分为两大类。可以用仪器、仪表直接读出数据的测量叫直接测量,例如用米尺测量长度,用秒表计时间,用温度计、压力表测量温度和压强等。凡是基于直接测量值得出的数据再按一定函数关系式,通过计算才能求得测量结果的测量称为间接测量,例如恒压过滤实验中,测定滤液体积时,先测量计量桶的长度 L、宽度 D 和高度 H,再用公式 $V = L \cdot D \cdot H$ 计算出体积 V,V 就属于间接测量的物理量。化工原理实验中多数测量均属间接测量。

2.1.2 实验数据的真值和平均值

1. 真值

真值是待测物理量客观存在的确定值,由于测量时不可避免地存在一定的误差,故真值是无法测得的。但是经过细致地消除系统误差,经过无数次测定,根据随机误差中正负误差出现概率相等的规律,测得结果的平均值可以无限接近真值。但是实际上测量次数总是有限的,由此得出的平均值只能近似于真值,称此平均值为最佳值。计算中可将此最佳值当作真值,或用"标准仪表"(即精确度较高的仪表)所测的值当作真值。

2. 平均值

常用的平均值有:

(1)算术平均值 x_m。设 $x_1, x_2, x_3, \cdots, x_n$ 为各次测量值,n 为测量次数,则算术平均值为

$$x_m = \frac{x_1 + x_2 + x_3 + \cdots + x_n}{n} = \frac{1}{n}\sum_{i=1}^{n} x_i \tag{2.1.1}$$

算术平均值是最常用的一种平均值,因为测定值的误差分布一般服从正态分布,可以证明算术平均值即为一组等精度测量的最佳值或最可信赖值。

(2)均方根平均值 x_s。设 $x_1, x_2, x_3, \cdots, x_n$ 为各次测量值,n 为测量次数,则其均方根平均值为

$$x_s = \sqrt{\frac{x_1^2 + x_2^2 + \cdots + x_n^2}{n}} = \frac{\sqrt{\sum_{i=1}^{n} x_i^2}}{n} \tag{2.1.2}$$

均方根平均值常用于计算分子的平均动能。

(3) 几何平均值 x_c。设 $x_1, x_2, x_3, \cdots, x_n$ 为各次测量值,n 为测量次数,则其几何平均值为

$$x_c = \sqrt[n]{x_1 x_2 \cdots x_n} = \left(\prod_{i=1}^{n} x_i\right)^{\frac{1}{n}} \tag{2.1.3}$$

几何平均值是将一组几个观测值连乘并开 n 次方求得的值。

(4) 对数平均值 x_e。设 $x_1, x_2, x_3, \cdots, x_n$ 为各次测量值,n 为测量次数,则其对数平均值为

$$x_e = \frac{x_1 - x_2}{\ln \dfrac{x_1}{x_2}} \tag{2.1.4}$$

对数平均值多用于热量和质量传递的平均值计算中,当 $x_1/x_2 < 2$ 时,可用算术平均值代替对数平均值,由此引起的误差不超过 4.4%。

(5) 加权平均值 x_w。设 $x_1, x_2, x_3, \cdots, x_n$ 为各次测量值,$w_1, w_2, w_3, \cdots, w_n$ 为各测量值对应的权,n 为测量次数,则其加权平均值为

$$x_w = \frac{w_1 x_1 + w_2 x_2 + \cdots + w_n x_n}{w_1 + w_2 + \cdots + w_n} = \frac{\sum_{i=1}^{n} w_i x_i}{\sum_{i=1}^{n} w_i} \tag{2.1.5}$$

加权平均值常用于求取由不同方法或不同人对同一物理量的测量的平均值。

(6) 中位值。中位值是指将一组观测值按一定大小次序排列时的中间值。中位值的最大优点是求法简单,而与两端的变化无关。中位值在统计上属于一种次序统计,只有在观测值的分布是正态分布时,它才能代表一组观测值的中心趋向或最佳值。

2.1.3 误差的定义和分类

1. 误差的定义与特点

误差是实验测量值(包括直接测量值和间接测量值)与真值(客观存在的准确值)之差。误差的大小,表示每一次测得值相对于真值不符合的程度。误差有以下特点:

(1) 误差永远不等于零。不管人们主观愿望如何,也不管人们在测量过程中怎样

精心细致地控制,误差还是要产生的,不会消除,误差的存在是绝对的。

(2)误差具有随机性。在相同的实验条件下,对同一个研究对象反复进行多次的实验、测试或观察,所得到的不是一个确定的结果,即实验结果具有不确定性。

(3)误差是未知的。通常情况下,由于真值是未知的,研究误差时,一般都从偏差入手。

2. 误差的分类

由于仪器、方法和观测者等存在的各种不理想情况,在测量中出现误差是必然的,也是不可避免的。按照误差的性质及产生原因,可将误差分为系统误差、随机误差(偶然误差)和粗大误差(过失误差)三类。

1) 系统误差

系统误差是由某些固定不变的因素引起的,在相同条件下进行多次测量,其误差数值的大小和正负保持恒定,或误差随条件改变按一定规律变化。有的系统误差随时间呈线性、非线性或周期性变化,有的不随测量时间变化。

产生系统误差的原因有:(1)测量仪器方面的因素(仪器设计上的缺点、零件制造不标准、安装不正确、未经校准等)。(2)环境因素(外界温度、湿度及压力变化引起的误差)。(3)测量方法因素(近似的测量方法或近似的计算公式等引起的误差)。(4)测量人员的习惯偏向等。

总之,系统误差有固定的偏向和确定的规律,一般可按具体原因采取相应措施给以校正或用修正公式加以消除。

2) 随机误差

随机误差是由某些不易控制的因素造成的。在相同条件下作多次测量,其误差数值和符号是不确定的,即时大时小,时正时负,无固定大小和偏向。随机误差服从统计规律,其误差与测量次数有关。随着测量次数的增加,平均值的随机误差可以减小,但不会消除。因此,多次测量值的算术平均值接近于真值。研究随机误差可采用概率统计方法。

3) 粗大误差

粗大误差为与实际明显不符的误差,主要是由于实验人员粗心大意,如读数错误、记录错误或操作失败所致。这类误差往往与正常值相差很大,应在整理数据时依据常用的准则加以剔除。

上述三种误差之间,在一定条件下可以相互转化。例如:尺子刻度划分有误差,对制造尺子者来说是随机误差;一旦用它进行测量时,这尺子的分度对测量结果将形成系统误差。随机误差和系统误差间并不存在绝对的界限。同样,对于粗大误差,有时也难以和随机误差相区别,从而当作随机误差来处理。

2.2 有效数字

2.2.1 数字舍入规则

对于位数很多的近似数,当有效位数确定后,应将多余的数字舍去。舍去多余数字常用四舍五入法。这种方法适用于舍入操作不多且准确度要求不高的场合,因为见大于5就入,易使所得数据偏大。下面介绍新的舍入规则"四舍六入五留双",具体规则如下:

(1)保留数字后一位小于等于4时舍去。

(2)保留数字后一位大于等于6时进位。

(3)保留数字后一位等于5时,若5后面还有任何不为0的数,不管该数字在哪一位上,直接进位。

(4)保留数字后一位等于5时,若5后面均为0,且5的前一位是奇数,则进位。

(5)保留数字后一位等于5时,若5后面均为0,且5的前一位是偶数(注:数字"0"在此刻应被视为偶数),则舍去。

【例2.1】将下面左侧的数据保留四位有效数字。

$$6.4415001 \rightarrow 6.442$$

$$2.62850 \rightarrow 2.628$$

$$7.31550 \rightarrow 7.316$$

$$3.42349 \rightarrow 3.423$$

$$1.718601 \rightarrow 1.719$$

$$9.740500 \rightarrow 9.740$$

依照"四舍六入五留双"规则进行数字修约时,也应像四舍五入法一样,一次性修约到指定的位数,不可以进行数次修约,不然得到的结果或许就是错的。例如:10.2749945001 修约为四位有效数字时,应一步到位:10.27(正确)。假如按照四舍六入五留双规则进行分步修约将得到错误的结果:10.274995→10.275→10.28(错误)。

2.2.2 直接测量值的有效数字

直接测量值的有效数字主要取决于读数时能读到哪一位。例如一支 50mL 的滴定管,它的最小刻度是 0.1mL,因为读数只能读到小数点后第 2 位,如 25.36mL 时,有效数字是四位。若管内液面正好位于 25.3mL 刻度上,则数据应记为 25.30mL,仍然是四位有效数字(不能记为 25.3mL)。在此,所记录的有效数字中,必须有一位而且只能是最后一位是在一个最小刻度范围内估计读出的,而其余的几位数是从刻度上准确读出的。由此可知,在记录直接测量值时,所记录的数字应该是有效数字,其中应保留且只能保留一位估计读出的数字。

2.2.3 非直接测量值的有效数字

(1)参加运算的常数 π、e 的数值以及某些因子如 $\sqrt{2}$、$1/3$ 等的有效数字,取几位为宜,原则上取决于计算所用的原始数据的有效数字的位数。假设参与计算的原始数据中,位数最多的有效数字是 n 位,则引用上述常数时宜取 $n+2$ 位,目的是避免常数的引入造成更大的误差。工程上,在大多数情况下,对于上述常数可取 5~6 位有效数字。

(2)在数据运算过程中,为兼顾结果的精度和运算的方便,所有的中间运算结果,工程上,一般宜取 5~6 位有效数字。

(3)表示误差大小的数据一般宜取 1(或 2)位有效数字,必要时还可多取几位。由于误差是用来为数据提供准确程度的信息,为避免过于乐观,并提供必要的保险,故在确定误差的有效数字时,也用截断的办法,然后将保留数字末位加 1,以使给出的误差值大一些,而无须考虑前面所说的数字舍入规则。如误差为 0.3431,可写成 0.4 或 0.35。

(4)作为最后实验结果的数据是间接测量值时,其有效数字位数的确定方法如下:先对其绝对误差的数值按上述先截断后保留数字末位加 1 的原则进行处理,保留

1~2位有效数字,然后令待定位的数据与绝对误差值以小数点为基准相互对齐。待定位数据中,与绝对误差首位有效数字对齐的数字,即所得有效数字仅末位为估计值。最后按前面讲的数字舍入规则,将末位有效数字右边的数字舍去。

【例2.2】根据本章的数字舍入原则,求下列两组数据的最终结果。

(1) $y = 9.80113824$,测量误差 $D(y) = \pm 0.004536$(单位暂略)

取 $D(y) = \pm 0.0046$(截断后末位加1,取两位有效数字)

以小数点为基准对齐 9.80113824

     0.0046

故该数据应保留4位有效数字。按本章讲的数字舍入原则,该数据 $y = 9.801$。

(2) $y = 6.3250 \times 10^{-8}$,测量误差 $D(y) = \pm 0.8 \times 10^{-9}$(单位暂略)

取 $D(y) = \pm 0.8 \times 10^{-9} = \pm 0.08 \times 10^{-8}$ [使 $D(y)$ 和 y 都是 $\times 10^{-8}$]

以小数点为基准对齐 6.3250×10^{-8}

     0.08×10^{-8}

可见该数据应保留3位有效数字。经舍入处理后,该数据 $y = 6.32 \times 10^{-8}$。

第3章 实验数据处理

通常,实验的结果最初是以数据的形式表达的。要想进一步得出结果,必须对实验数据做进一步的处理,使人们清楚地了解各变量之间的定量关系,以便进一步分析实验现象,提出新的研究方案或得出规律,指导生产与设计。

3.1 列表法

列表法就是将实验数据列成表格表示,通常是处理数据的第一步,为标绘曲线图或整理成数学公式打下基础。

3.1.1 实验数据表的分类

实验数据表一般分为两大类:原始记录数据表和整理计算数据表。

(1)原始记录数据表必须在实验前设计好,以清楚地记录所有待测数据,如传热实验原始记录数据表的格式见表3.1.1。

(2)整理计算数据表应简明扼要,只表达主要物理量(参变量)的计算结果,有时还可以列出实验结果的最终表达式,如传热实验整理计算数据表的格式见表3.1.2。

表 3.1.1　传热实验原始记录数据表　　　　　　　年　月　日

装置编号：＿＿＿＿换热器型式：＿＿＿＿传热管内径 d_i：＿＿＿＿ 传热管外径 d_o：＿＿＿＿有效长度 L：＿＿＿＿热流体：＿＿＿＿冷流体：＿＿＿＿								
	项　目	1	2	3	4	5	6
冷流体	流量计读数 V_R						
	进口温度 t_{c_1},℃；或进口热电偶热电势 E_{c_1},mV						
	出口温度 t_{c_2},℃；或出口热电偶热电势 E_{c_2},mV						
热流体	进口热电偶热电势 E_{k_1},mV						
	出口热电偶热电势 E_{k_2},mV						
管壁	热电偶热电势 E_{wm},mV						
备注：								

表 3.1.2　传热实验整理计算数据表

	项　目	1	2	3	4	5	6
传热系数	α_i,W/(m²·℃)						
	α_o,W/(m²·℃)						
	K_o,W/(m²·℃)						
传热管内	努塞尔数 Nu						
	雷诺数 Re						
	普朗特数 Pr						
计算机回归得到的准数关联式：							
本人回归得到的准数关联式：							

3.1.2　拟定实验数据表应注意的事项

(1)数据表的表头要列出物理量的名称、符号和单位。符号与单位之间用逗号"，"、括号"（　）"或斜线"/"隔开。斜线不能重叠使用。单位不宜混在数字之中，造成分辨不清。

(2) 要注意有效数字位数,即记录的数字应与测量仪表的准确度相匹配,不可过多或过少。

(3) 物理量的数值较大或较小时,要用科学记数法来表示。以"物理量的符号×$10^{\pm n}$/单位"的形式,将 $10^{\pm n}$ 记入表头。注意:表头中的 $10^{\pm n}$ 与表中的数据应服从下式:物理量的实际值×$10^{\pm n}$=表中数据。

(4) 为便于排版和引用,每一个数据表都应在表的上方写明表号和表题(表名)。表格应按出现的顺序编号。表格的出现,在正文中应有所交代,同一个表尽量不跨页,必须跨页时,在此页上须注上"续表……"。

(5) 数据表格要正规,数据一定要书写清楚整齐,不得潦草。修改时宜用单线将错误的划掉,将正确的写在下面。各种实验条件及作记录者的姓名可作为"表注",写在表的下方。

3.2 图示法

实验数据图示法的优点是直观清晰,便于比较,容易看出数据中的极值点、转折点、周期性、变化率以及其他特性。准确的图形还可以在不知数学表达式的情况下进行微积分运算,因此得到广泛的应用。

图示法的第一步就是按列表法的要求列出因变量 y 与自变量 x 相对应的 y_i 与 x_i 数据表格。

作曲线图时必须依据一定的法则(如下面介绍的),只有遵守这些法则,才能得到与实验点位置偏差最小而光滑的曲线图形。

3.2.1 坐标纸的选择

化工中常用的坐标系为直角坐标系,包括笛卡儿坐标系(又称普通直角坐标系)、半对数坐标系和对数坐标系。市场上有相应的坐标纸出售。

图 3.2.1 所示为半对数坐标系,一个轴是分度均匀的普通坐标轴,另一个轴是分度不均匀的对数坐标轴。

该图中的横坐标轴(x 轴)是对数坐标轴。在此轴上,某点与原点的实际距离为该点对应数的对数值,但是在该点标出的值是真数。为了说明作图的原理,作一条平行于横坐标轴的对数数值线。

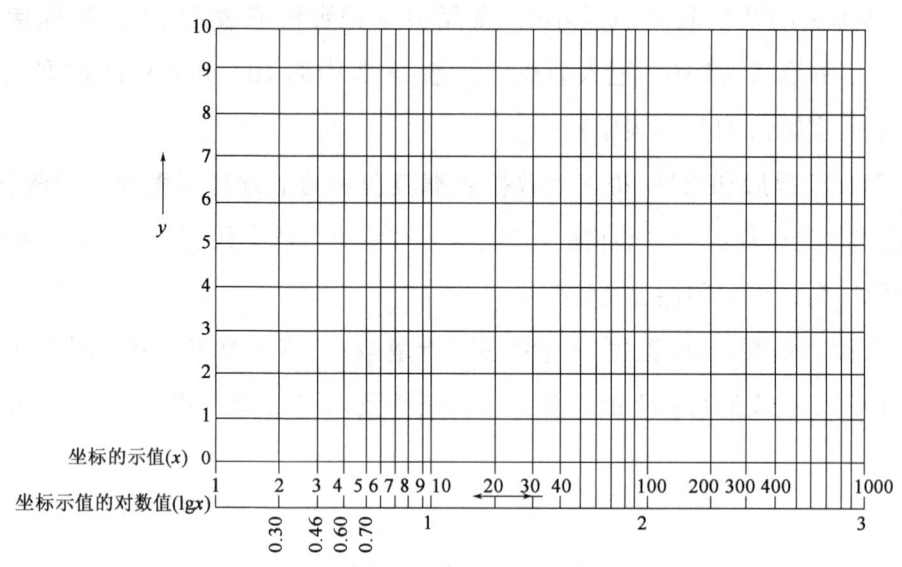

图 3.2.1　半对数坐标系

对数坐标系为两个轴(x 和 y)都是对数标度的坐标轴,即每个轴的标度都是按上面所述的原则作成的。

在下列情况下,建议用半对数坐标纸:

(1)变量之一在所研究的范围内发生了几个数量级的变化。

(2)在自变量由零开始逐渐增大的初始阶段,当自变量的少许变化引起因变量极大变化时,此时采用半对数坐标纸,曲线最大变化范围可伸长,使图形轮廓清楚。

(3)需要将某种函数变换为直线函数关系,如指数 $y = ae^{bx}$ 函数(详见 3.3 节)。

在下列情况下应用对数坐标纸:

(1)如果所研究的函数 y 和自变量 x 在数值上均变化了几个数量级。例如,已知 x 和 y 的数据为

$$x = 10, 20, 40, 60, 80, 100, 1000, 2000, 3000, 4000$$
$$y = 2, 14, 40, 60, 80, 100, 177, 181, 188, 200$$

在直角坐标纸上作图几乎不可能描出在 x 的数值等于 10、20、40、60、80 时,曲线开始部分的点(图 3.2.2),但是若采用对数坐标纸则可以得到比较清楚的曲线(图 3.2.3)。

(2)需要将曲线开始部分划分成展开的形式。

(3)当需要变换某种非线性关系为线性关系时,例如抛物线 $y = ax^b$ 函数。

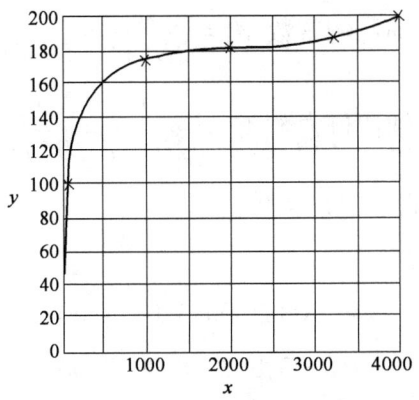

图 3.2.2 当和的数值按数量级变化时在直角坐标纸上所作的图形

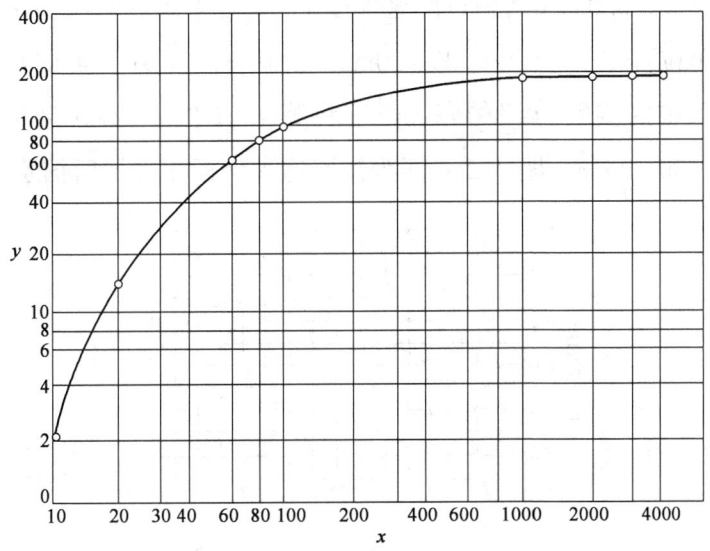

图 3.2.3 在对数坐标纸上描绘的图 3.2.2 的实验数据

3.2.2 坐标分度的确定

坐标分度是指每条坐标轴所能代表的物理量的大小,即坐标轴的比例尺。如果选择不当,那么根据同组实验数据作出的图形就会失真而导致错误的结论。

坐标分度正确的确定方法如下:

(1)在已知 x、y 的测量误差分别为 $D(x)$ 和 $D(y)$ 的条件下,比例尺的取法通常使 $2D(x)$ 和 $2D(y)$ 构成的矩形近视为正方形,并使 $2D(x) = 2D(y) = 2\text{mm}$。根据该原则即可求得坐标比例常数 M。

$$x \text{轴比例常数 } M_x = \frac{2}{2D(x)} = \frac{1}{D(x)}$$

$$y \text{轴比例常数 } M_y = \frac{2}{2D(y)} = \frac{1}{D(y)}$$

其中 $D(x)$、$D(y)$ 的单位为物理量的单位。

现已知一组实验数据为

$$x = 1.00, 2.00, 3.00, 4.00$$

$$y = 8.00, 8.20, 8.30, 8.00$$

当上列数据 y 的测量误差为 $0.02[y \pm D(y) = y \pm 0.02]$，$x$ 的测量误差为 $0.05[x \pm D(x) = x \pm 0.05]$ 时，则按照这个原则，应当在如下的比例尺中描绘该组实验数据，即 x 轴单位：$1/D(x) = 1/0.05 = 20$mm，y 轴单位：$1/D(y) = 1/0.02 = 50$mm。于是，在这个比例尺中的实验"点"的底边长度将等于 $2D(x) = 2 \times 0.05 \times 20 = 2$mm，高度 $2D(y) = 2 \times 0.02 \times 50 = 2$mm。图 3.2.4 即为按照这种坐标比例尺所描绘出的曲线图形。

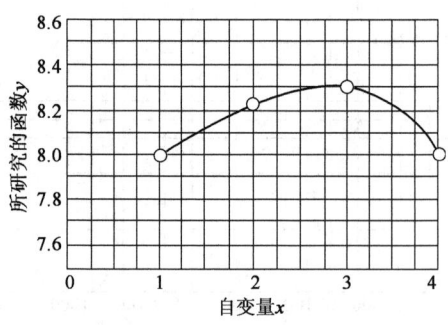

图 3.2.4　正确比例尺的曲线

（2）若测量数据的误差不知道，那么坐标轴的分度应与实验数据的有效数字位数相匹配，即实验曲线的坐标读数的有效数字位数与实验数据的位数相同。

在一般情况下，坐标轴比例尺的确定，既要不会因比例常数过大而损失实验数据的准确度，又不会比例常数过小而造成图中数据点分布异常的假象。为此：

①推荐坐标轴的比例常数 $M = (1、2、5) \times 10^{\pm n}$（$n$ 为正整数），而 3、6、7、8 等的比例常数绝不可用，后者的比例常数不但引起图形的绘制和实验麻烦，也极易引出错误；

②若根据数据 x、y 的绝对误差 $D(x)$ 和 $D(y)$ 求出的坐标比例常数 M 不正好等于 M 的推荐值，可选用稍小的推荐值，将图适当地画大一些，以保证数据的准确度不因作图而损失。

3.2.3 注意事项

(1) 图线光滑。利用曲线板等工具将各离散点连接成光滑曲线,并使曲线尽可能通过较多的实验点,或者使曲线以外的点尽可能位于曲线附近,并使曲线两侧的点数大致相等。

(2) 定量绘制的坐标图,其坐标轴上必须标明该坐标所代表的变量名称、符号及所用的单位,如离心泵特性曲线的横轴就必须标上:流量 $V, \mathrm{m^3/h}$。

(3) 图必须有图号和图题(图名),以便于排版和引用。必要时还应有图注。

(4) 不同线上的数据点可用〇、△等不同符号表示,且必须在图上明显地标出。

3.3 实验数据的回归分析法

本节将介绍目前在寻求实验数据的变量关系间的数学模型时,应用最广泛的一种数学方法,即回归分析法。回归分析法与电子计算机相结合,已成为确定经验公式最有效的手段之一。

3.3.1 变量类型

人们在实践中发现,各种变量相互联系相互依存,变量之间的关系分为函数关系和相关关系两类。

(1) 函数关系:属于确定性关系。如 $s=vt$ 中,s 表示路程,v 表示速度,t 表示时间。若知两个变量,则另一个变量的唯一值可由函数关系式求出。

(2) 相关关系:与其中之一变量的每一个值对应的另一个变量的值不是一个或几个确定值,而是一个集合值,此时,变量 x、y 之间的关系称为相关关系。这是由于在许多实际问题中,或者由于随机性因素的影响,变量之间的关系比较复杂,或者由于各变量的测量值不可避免地存在着测量误差,致使变量之间的关系具有不确定性。

需要指出的是函数关系和相关关系在概念上是截然不同的,但它们之间并无严格界线。如上所述,相关变量之间虽无确定关系,从统计意义上讲,它们之间又存在着某种确定的函数关系。理论上有一定函数关系的变量,在多次测试中由于误差的存在也含不确定性了,因此两者之间存在转化问题。

3.3.2 回归分析法的含义和内容

1. 回归方程

回归分析是处理变量之间相互关系的一种数理统计方法。用这种数学方法可以从大量观测的散点数据中寻找到能反映事物内部的一些统计规律,并可以按数学模型形式表达出来,故称它为回归方程(回归模型)。

2. 线性和非线性回归

回归也称拟合。对具有相关关系的两个变量,若用一条直线描述,则称一元线性回归;若用一条曲线描述,则称一元非线性回归。对具有相关关系的三个变量,其中一个因变量、两个自变量,若用平面描述,则称二元线性回归;若用曲面描述,则称二元非线性回归。依次类推,可以延伸到 n 维空间进行回归,则称多元线性或非线性回归。处理实际问题时,往往将非线性问题转化为线性来处理。建立线性回归方程的最有效方法为线性最小二乘法,以下主要讨论用最小二乘法拟合实验数据。

3. 回归分析法所包括的内容

回归分析法所包括的内容或可以解决的问题,概括起来有如下四个方面:

(1)根据一组实测数据,按最小二乘原理建立正规方程,解正规方程得到变量之间的数学关系式,即回归方程式。

(2)判明所得到的回归方程式的有效性。回归方程式是通过数理统计方法得到的,是一种近似结果,必须对它的有效性作出定量检验。

(3)根据一个或几个变量的取值,预测或控制另一个变量的取值,并确定其准确度(精度)。

(4)进行因素分析。对于一个因变量受多个自变量(因素)的影响,则可以分清各自变量的主次和分析各个自变量(因素)之间的互相关系。

第4章 化工原理基本实验

4.1 伯努利方程流体能量转化实验

一、实验目的

(1)演示流体在管内流动时静压能、动能、位能相互之间的转换关系,加深对伯努利方程的理解。

(2)通过能量之间变化关系了解流体在管内流动时其流体阻力的表现形式。

(3)观察当流体经过扩大、收缩管段时,各截面上静压头的变化过程。

二、实验原理

化工生产中,流体的输送多在密闭的管道中进行,因此研究流体在管内的流动是化学工程中一个重要课题。任何运动的流体,仍然遵守质量守恒定律和能量守恒定律,这是研究流体力学性质的基本出发点。

1.连续性方程

流体在管内稳定流动时的质量守恒形式表现为如下的连续性方程:

$$\rho_1 \iint_1 v\,\mathrm{d}A = \rho \iint_2 v\,\mathrm{d}A \tag{4.1.1}$$

根据平均流速的定义,有

$$\rho_1 u_1 A_1 = \rho_2 u_2 A_2 \tag{4.1.2}$$

即

$$m_1 = m_2 \tag{4.1.3}$$

而对均质、不可压缩流体,$\rho_1 = \rho_2 =$ 常数,则式(4.1.2)变为

$$u_1 A_1 = u_2 A_2 \tag{4.1.4}$$

可见,对均质、不可压缩流体,平均流速与流通截面积成反比,即面积越大,流速越小;反之,面积越小,流速越大。

对圆管,$A = \pi d^2 / 4$,d 为直径,于是式(4.1.4)可转化为

$$u_1 d_1^2 = u_2 d_2^2 \tag{4.1.5}$$

2. 机械能衡算方程

运动的流体除了遵循质量守恒定律以外,还应满足能量守恒定律,依此,在工程上可进一步得到十分重要的机械能衡算方程。

对于均质、不可压缩流体,在管路内稳定流动时,其机械能衡算方程(以单位重力流体为基准)为

$$z_1 + \frac{u_1^2}{2g} + \frac{p_1}{\rho g} + h_e = z_2 + \frac{u_2^2}{2g} + \frac{p_2}{\rho g} + h_f \tag{4.1.6}$$

显然,上式中各项均具有高度的量纲,z 称为位头,$u^2/(2g)$ 称为动压头(速度头),$p/\rho g$ 称为静压头(压力头),h_e 称为外加压头,h_f 称为压头损失。

关于上述机械能衡算方程的讨论:

(1)理想流体的伯努利方程。无黏性的即没有黏性摩擦损失的流体称为理想流体,就是说,理想流体的 $h_f = 0$,若此时又无外加功加入,则机械能衡算方程变为

$$z_1 + \frac{u_1^2}{2g} + \frac{p_1}{\rho g} = z_2 + \frac{u_2^2}{2g} + \frac{p_2}{\rho g} \tag{4.1.7}$$

式(4.1.7)为理想流体的伯努利方程。该式表明,理想流体在流动过程中,总机械能保持不变。

(2)若流体静止,则 $u = 0$,$h_e = 0$,$h_f = 0$,于是机械能衡算方程变为

$$z_1 + \frac{p_1}{\rho g} = z_2 + \frac{p_2}{\rho g} \tag{4.1.8}$$

式(4.1.8)即为流体静力学方程,可见流体静止状态是流体流动的一种特殊形式。

3. 管内流动分析

流体流动有两种不同型态,即层流和湍流,这一现象最早是由雷诺(Reynolds)于1883年首先发现的。流体作层流流动时,其流体质点作平行于管轴的直线运动,且在径向无脉动;流体作湍流流动时,其流体质点除沿管轴方向作向前运动外,还在径向作脉动,从而在宏观上显示出紊乱地向各个方向作不规则的运动。

流体流动型态可用雷诺数(Re)来判断,这是一个量纲为1的数群,故其值不会因采用不同的单位制而不同。但应当注意,数群中各物理量必须采用同一单位制。若流体在圆管内流动,则雷诺数可用下式表示:

$$Re = \frac{du\rho}{\mu} \tag{4.1.9}$$

式中 Re——雷诺数;

  d——管子内径,m;

  u——流体在管内的平均流速,m/s;

  ρ——流体密度,kg/m^3;

  μ——流体黏度,Pa·s。

式(4.1.9)表明,对于一定温度的流体,在特定的圆管内流动,雷诺数仅与流体流速有关。层流转变为湍流时的雷诺数称为临界雷诺数,用 Re_c 表示。工程上一般认为,流体在直圆管内流动时,当 $Re \leq 2000$ 时为层流;当 $Re > 4000$ 时,圆管内已形成湍流;当 Re 在2000~4000范围内,流动处于一种过渡状态,可能是层流,也可能是湍流,或者是二者交替出现,这要视外界干扰而定,一般称这一范围为过渡区。

三、实验装置

伯努利方程流体能量转化实验装置示意图如图4.1.1所示。

四、实验步骤

(1)向水箱内注入一定量蒸馏水,关闭离心泵出口上水阀及实验测试导管出口流量调节阀,打开循环水阀后启动离心泵。

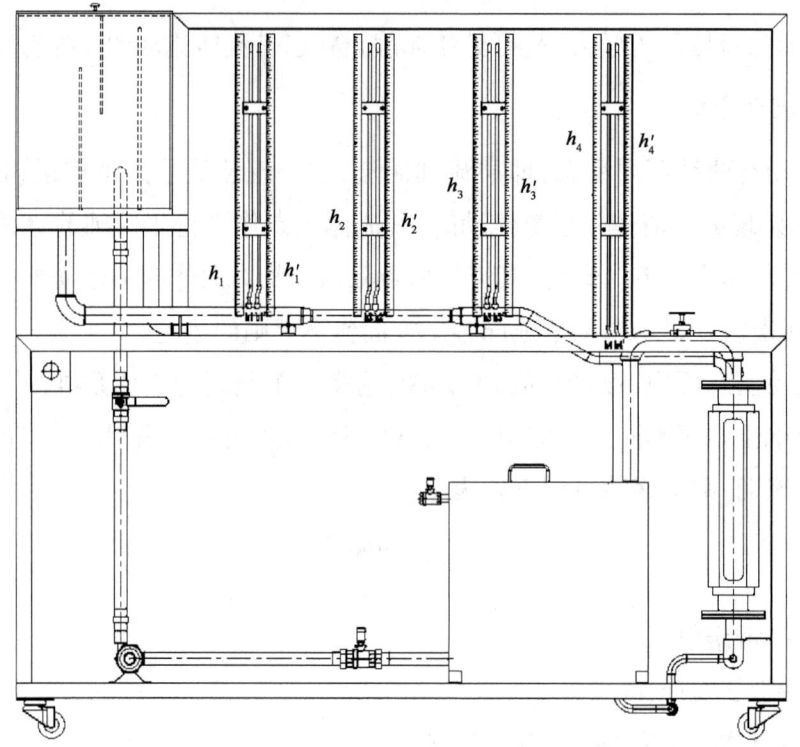

图4.1.1 伯努利方程流体能量转化实验装置示意图

(2)逐步开大离心泵出口上水阀,当高位槽溢流管有液体溢流后,排除各测压管中的气泡,利用流量调节阀调节出水流量。稳定一段时间。

(3)待流量稳定后读取并记录各点数据。

(4)逐步关小流量调节阀,重复以上步骤继续测定多组数据。

(5)分析讨论流体流过不同位置处的能量转换关系并得出结论。

(6)实验结束后,关闭流量调节阀,停泵,切断电源。

五、实验数据处理

1. 已知数据

该装置为有机玻璃材料制作的管路系统,通过泵使流体循环流动。管路内径为32mm,节流件变截面处管内径为25mm。单管压力计 h_1 和 h_2 可用于验证变截面连续性方程,单管压力计 h_1 和 h_3 可用于比较流体经节流件后的能头损失,单管压力计 h_3 和 h_4 可用于比较流体经弯头和流量计后的能头损失及位能变化情况,单管压力计 h_1 和 h_1'、h_2 和 h_2'、h_3 和 h_3'、h_4 和 h_4' 配合使用,用于测定单管压力计各处的中心点速度。

2. 待测数据

将待测数据填入表 4.1.1。

表 4.1.1 压头测量

流量 L/h	测压头,mm											
	1 截面			2 截面			3 截面			4 截面		
	静压头	冲压头	动压头	静压头	冲压头	动压头	静压头	冲压头	动压头	静压头	冲压头	动压头
0												
200												
400												
600												
800												
1000												
1200												
1400												

3. 实验报告要求

(1)将实验数据及计算结果整理列表。

(2)数据分析。

①h_1 和 h_2 的分析,验证连续性方程。

②h_1 和 h_3 的分析,计算损失压头,并给出损失压头随流量的变化关系。

③h_3 和 h_4 的分析,计算损失压头,观察流体局部阻力导致的能头损失。

④h_1 和 h_1'、h_2 和 h_2'、h_3 和 h_3'、h_4 和 h_4' 的分析,考察在不同雷诺数下,与管路平均速度 u 的关系。

六、思考题

(1)流体在管道中流动时涉及哪些能量?

(2)观察实验中如何测得某截面上的静压头和总压头？又如何得到某截面上的动压头？

(3)对于不可压缩流体在水平不等径管路中流动,流速与管径的关系为何？

七、注意事项

(1)不要将循环水泵出口调节阀开得过大,以避免水从高位槽冲出和导致高位槽液面不稳定。

(2)流量调节阀须缓慢地关小,以免造成流量突然下降,使测压管中的水溢出。

(3)必须排除实验导管内的空气泡。

4.2 流体阻力测定实验

一、实验目的

(1) 学习直管摩擦阻力 Δp_f、直管摩擦系数 λ 的测定方法。
(2) 掌握直管摩擦系数 λ 与雷诺数 Re 之间关系及其变化规律。
(3) 学习压强差的几种测量方法和技巧。
(4) 掌握对数坐标系的使用方法。

二、实验原理

流体在管道内流动时,由于流体的黏性作用和涡流的影响会产生阻力。流体在直管内流动阻力的大小与管长、管径、流体流速和管道摩擦系数有关,它们之间存在如下关系:

$$h_f = \frac{\Delta p_f}{\rho} = \lambda \times \frac{l}{d} \times \frac{u^2}{2} \tag{4.2.1}$$

$$\lambda = \frac{2d}{\rho \times l} \times \frac{\Delta p_f}{u^2} \tag{4.2.2}$$

$$Re = \frac{d \times u \times \rho}{\mu} \tag{4.2.3}$$

式中　d——管径,m;
　　　Δp_f——直管阻力引起的压降,Pa;
　　　l——管长,m;
　　　u——流速,m/s;
　　　ρ——流体的密度,kg/m³;
　　　μ——流体的黏度,N·s/m²。

直管摩擦系数 λ 与雷诺数 Re 之间有一定的关系,这个关系一般用曲线来表示。在实验装置中,直管段管长 l 和管径 d 都已固定。若水温一定,则水的密度 ρ 和黏度 μ

也是定值。所以本实验实质上是测定直管段流体阻力引起的压降 Δp_f 与流速 u (体积流量 Q)之间的关系。

根据实验数据和式(4.2.2)可计算出不同流速下的直管摩擦系数 λ,用式(4.2.3)计算对应的 Re,从而整理出直管摩擦系数和雷诺数的关系,绘出 λ 与 Re 的关系曲线。

三、实验装置

流体阻力测定实验装置示意图如图 4.2.1 所示。

四、实验步骤

(1)向储水槽内注水至水满为止,打开控制柜电源开关,初始状态现场所有阀门关闭(最好使用蒸馏水,以保持流体清洁)。

(2)打开离心泵灌泵漏斗下部阀门 HV102,对离心泵进行灌泵操作,灌满后关闭离心泵灌泵漏斗下部阀门 HV102。

(3)打开离心泵出口阀门 HV103、HV104,将相对粗管安装在实验管路上,取压管连好。

(4)打开离心泵电源开关,在组态软件上设置频率 50Hz,观察离心泵进出口压力和涡轮流量计流量显示是否正常,正常后打开实验管路取压阀门,记录管路压差值、流量值和水温。

(5)在组态软件上设置不同频率来改变流量,分别记录不同流量下的压差值,测量 10 组数据即可。

(6)待数据测量完毕,关闭流量调节阀,将变频器转速设为 0,关闭离心泵电源开关。

(7)相对细管、突缩管、局部阻力管测量方法同前,将实验管路更换为相应管路即可。

五、实验数据处理

1. 已知数据

(1)粗管和细管压差测量长度为 $l = 0.6$ m;

(2)粗管内径 20 mm,细管内径 15 mm。

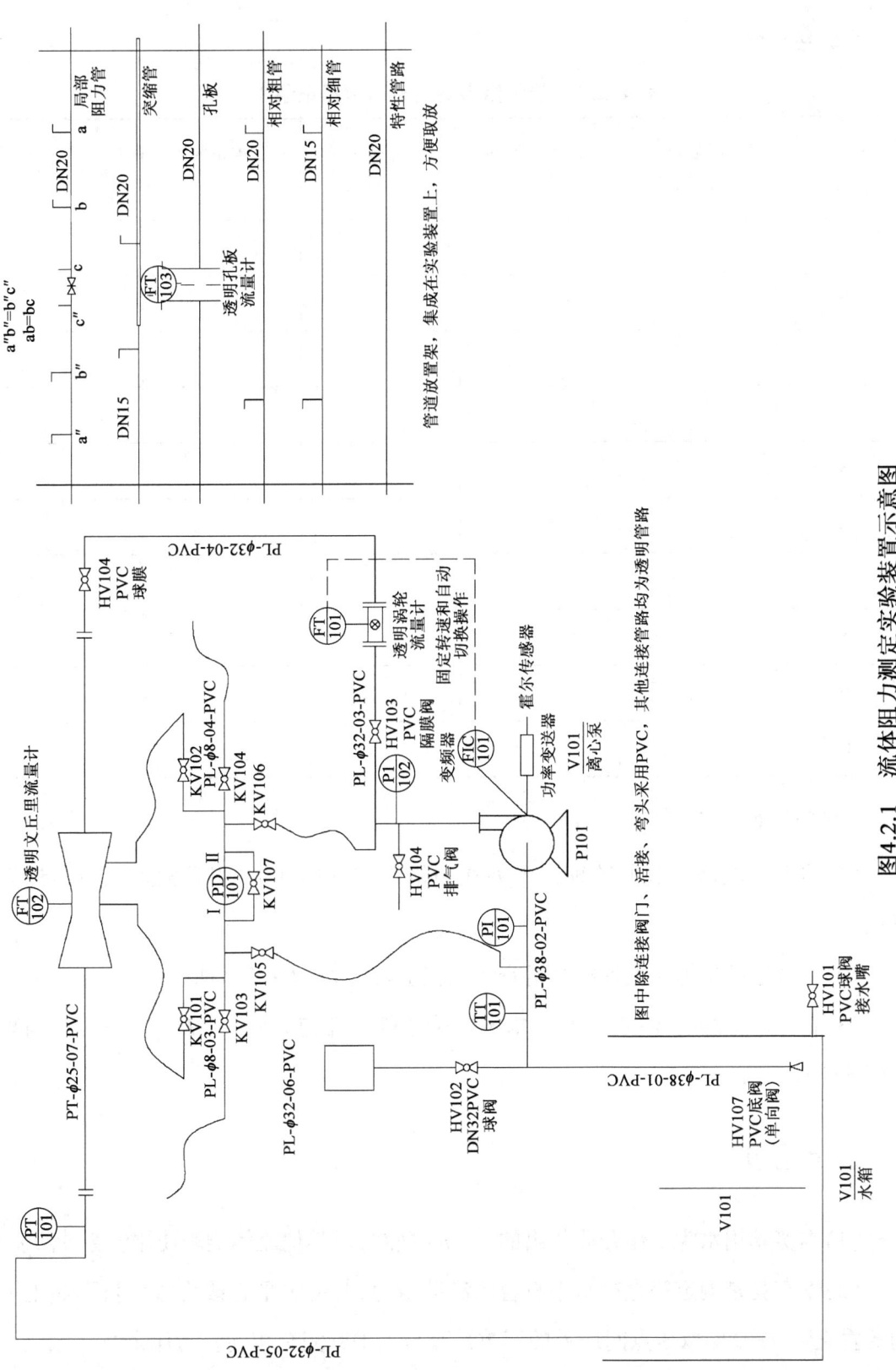

图4.2.1 流体阻力测定实验装置示意图

2. 数据整理

表 4.2.1　流体阻力测定实验数据记录表

序号	流量 Q m³/h	直管压差 Δp kPa	流速 u m/s	摩擦系数 λ	雷诺数 Re
1					
2					
3					
4					
5					
6					
7					
8					
9					
10					

3. 实验报告要求

（1）将实验数据和数据整理结果列在表格中，并以其中一组数据为例写出计算过程。

（2）在合适的坐标系上标绘光滑直管和粗糙直管 λ—Re 关系曲线。

（3）根据所标绘的 λ—Re 曲线，求本实验条件下滞流区的 λ—Re 关系式，并与理论公式比较。

六、思考题

（1）本实验用水为工作介质作出的 λ—Re 曲线，对其他流体能否使用？为什么？

（2）本实验是测定等直径水平直管的流动阻力，若将水平管改为流体自下而上流动的垂直管，测量两取压点间压差的读数是否与水平管完全相同？为什么？

七、注意事项

(1)实验离心泵使用380V动力电驱动,实验过程中严禁打开电箱、触碰电动机接线部位,防止漏电隐患。

(2)开启离心泵前,要充分检查每个阀门的开关状态,接好测压管,注意测压管线不要安装反。

(3)实验过程中注意地面是否有积水,防止滑倒。

4.3 离心泵特性曲线的测定实验

一、实验目的

(1)熟悉离心泵的操作方法,了解离心泵的结构和性能。
(2)学会离心泵特性曲线的测定方法。

二、实验原理

泵是输送液体的设备,在选用泵时,一般是根据生产要求的扬程和流量,参照泵的性能来决定的。对一定类型的泵来说,泵的性能主要是指在一定转速下,泵的流量、压头(扬程)、轴功率和效率等。

离心泵性能用特性曲线来表示,即压头和流量的关系曲线(H_e—Q_e 曲线)、轴功率和流量的关系曲线($N_轴$—Q_e 曲线)、效率和流量的关系曲线($\eta_泵$—Q_e 曲线)。这一组关系曲线只能由实验测得。

1. 有效压头 H_e 的测定

实验室在泵的进出口管上装有真空表和压强表,在这两个测压点间列伯努利方程式可计算离心泵的压头。其计算式为

$$H_e = \frac{p_2}{\rho g} - \frac{p_1}{\rho g} + h_0 + \frac{u_2^2 - u_1^2}{2g} \tag{4.3.1}$$

或

$$H_e = H_压 - H_真 + h_0 + \frac{u_2^2 - u_1^2}{2g} \tag{4.3.2}$$

式中 h_0——两测压界面的垂直距离,m;

$H_压, H_真$——由压强表和真空表测出,以 m 液柱表示的数值;

u_1, u_2——进出管中液体的流速,m/s。

2. 轴功率 $N_轴$ 的测定

$$N_轴 = N_{电动机} \cdot \eta_{电动机} \cdot \eta_{传动} \tag{4.3.3}$$

3. 转速换算

离心泵的特性曲线都在一定的转速下测定,本实验装置所用的电动机的转速随流量的变化而改变,因此须将所得 Q_e、H_e、$N_{轴}$ 数据换算成统一转速(2850r/min)下的 Q_e、H_e、$N_{轴}$。换算公式即比例定律:

$$\frac{Q_1}{Q_2} = \frac{n_1}{n_2} \quad \frac{H_1}{H_2} = \left(\frac{n_1}{n_2}\right)^2 \quad \frac{N_1}{N_2} = \left(\frac{n_1}{n_2}\right)^3 \tag{4.3.4}$$

4. 离心泵效率的计算

$$\eta_{泵} = \frac{N_e}{N_{轴}} \quad N_e = \frac{H_e \times Q_e \times \rho}{102} \tag{4.3.5}$$

三、实验装置

离心泵特性曲线测定装置如图 4.3.1 所示。

四、实验步骤

(1)向储水槽内注入蒸馏水。检查离心泵出口流量调节阀 HV103 关闭,管路出口阀门 HV104 打开,对离心泵进行灌泵操作,灌泵结束后关闭灌泵底阀 HV102。

(2)打开离心泵电源开关,在组态软件上将离心泵频率设为 50Hz,缓慢打开调节阀 HV103 至全开。待系统内流体稳定,即系统内已没有气体,可以测取数据。

(3)用阀门 HV103 调节流量,从流量为零至最大或流量从最大到零,测取 8~10 组数据,同时记录涡轮流量计、文丘里流量计或孔板流量计的压差、泵入口压强、泵出口压强、功率表读数,并记录水温。

(4)实验结束后,关闭流量调节阀,停泵,切断电源。

五、实验数据处理

1. 已知数据

(1)两测压截面间垂直距离 $h_0 = 0.3\text{m}$;

(2)进出口管管径相同;

(3)电动机效率 $\eta_{电动机} = 0.75$,传动效率 $\eta_{传动} = 1.0$。

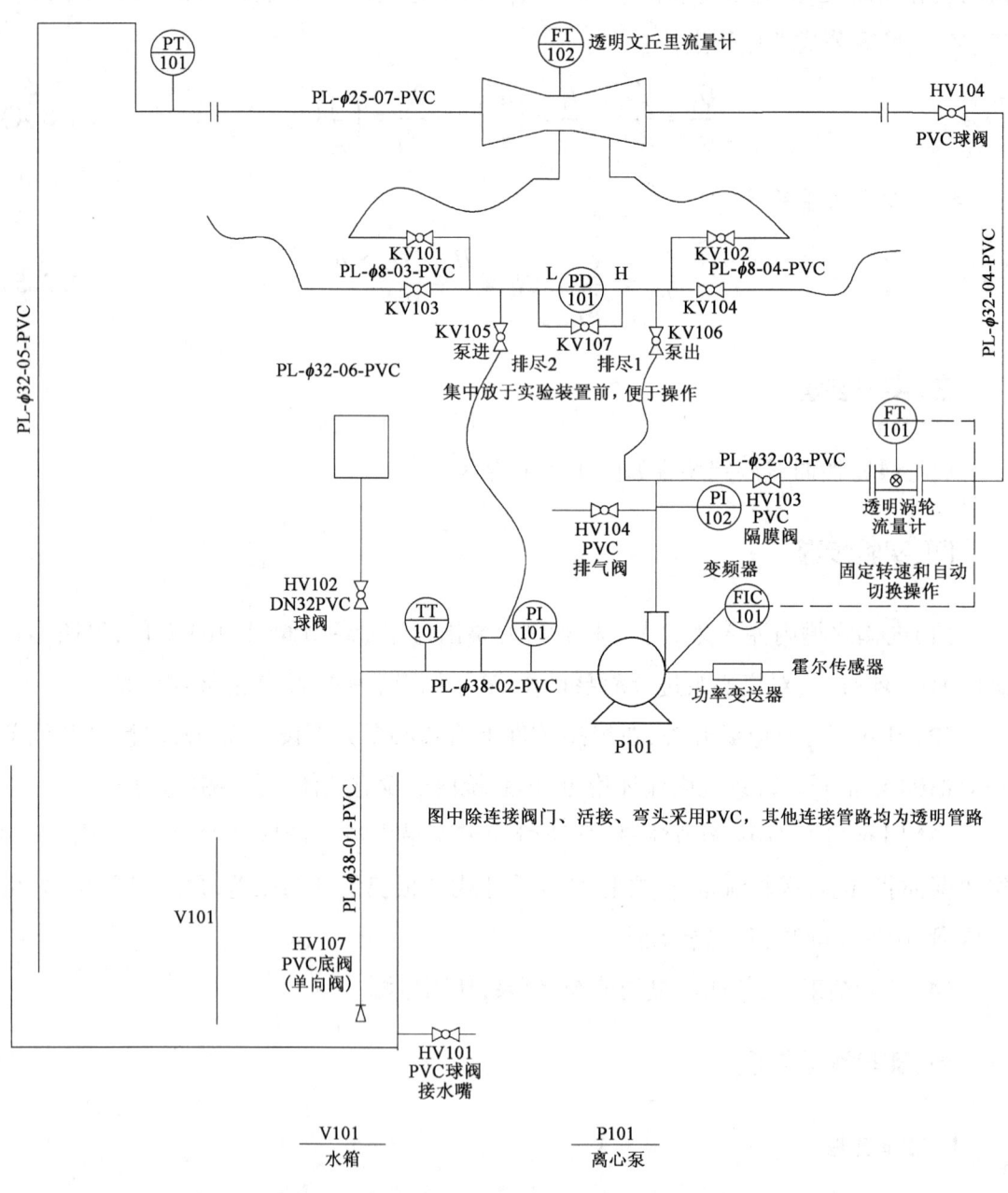

图 4.3.1 离心泵特性曲线测定装置示意图

2. 待测数据

表 4.3.1　离心泵特性曲线的测定实验数据记录

序号	流量	压力	真空度	功率表	转速
1					
2					
3					
4					
5					
6					
7					
8					
9					
10					

3. 实验报告要求

(1) 将实验数据及计算结果整理列表。

(2) 在直角坐标纸上标绘离心泵在特定转速下的特性曲线 H_e—Q_e 曲线，$N_轴$—Q_e 曲线，$\eta_泵$—Q_e 曲线。

(3) 讨论实验现象和结果。

(4) 回答思考题。

六、思考题

(1) 随着泵出口流量调节阀开度增大，泵的流量增加时，入口真空度及出口压力如何变化？并分析原因。

(2) 离心泵的流量，为什么可以通过出口阀来调节？往复泵的流量是否也可采用同样的方法来调节？为什么？

(3) 离心泵在启动前为什么要引水灌泵？

(4) 正常工作的离心泵，在其进口管上设阀门是否合理？为什么？

(5) 为什么离心泵启动时要关闭出口阀？

七、注意事项

（1）实验离心泵使用380V动力电驱动，实验过程中严禁打开电箱、触碰电动机接线部位，防止漏电隐患。

（2）开启离心泵前，要充分检查每个阀门的开关状态，防止憋压产生管件崩开的现象。

（3）实验过程中注意地面是否有积水，防止滑倒。

4.4 恒压过滤参数的测定实验

一、实验目的

(1) 熟悉板框压滤机的构造和操作方法。
(2) 掌握恒压过滤常数以及压缩性指数 s 的测定方法。
(3) 了解操作压力对过滤速率的影响。
(4) 掌握过滤过程中的各种关系及相关公式,验证过滤基本理论。
(5) 熟悉洗涤工艺流程,掌握滤饼洗涤的操作方法。

二、实验原理

过滤是利用过滤介质进行液—固系统的分离过程。过滤介质通常采用带有许多毛细孔的物质(如帆布、毛毯、多孔陶瓷等)。含有固体颗粒的悬浮液在一定压力作用下,液体通过过滤介质,固体颗粒被截留,从而使液固两相分离。

在过滤过程中,由于固体颗粒不断地被截留在介质表面上,滤饼厚度逐渐增加,使得液体流过固体颗粒之间的孔道加长,增加了流体流动阻力。故恒压过滤时,过滤速率是逐渐下降的。随着过滤的进行,若想得到相同的滤液量,则过滤时间要增加。恒压过滤方程如下:

$$(q + q_e)^2 = K(\theta + \theta_e) \tag{4.4.1}$$

式中 q——单位过滤面积获得的滤液体积,m^3/m^2;

q_e——单位过滤面积上的虚拟滤液体积,m^3/m^2;

θ——实际过滤时间,s;

θ_e——虚拟过滤时间,s;

K——过滤常数,m^2/s。

将式(4.4.1)进行微分可得

$$\frac{d\theta}{dq} = \frac{2}{K}q + \frac{2}{K}q_e \tag{4.4.2}$$

这是一个直线方程式,于普通坐标上标绘 $\dfrac{d\theta}{dq}$—q 的关系,可得直线。其斜率为 $\dfrac{2}{K}$,截距为 $\dfrac{2}{K}q_e$,从而求出 K、q_e。至于 θ_e 可由下式求出:

$$q_e^2 = K\theta_e \tag{4.4.3}$$

注:当各数据点的时间间隔不大时,$\dfrac{d\theta}{dq}$ 可用增量之比 $\dfrac{\Delta\theta}{\Delta q}$ 来代替。

过滤常数的定义式:

$$K = 2k\Delta p^{1-s} \tag{4.4.4}$$

两边取对数:

$$\lg K = (1-s)\lg \Delta p + \lg(2k) \tag{4.4.5}$$

因 $k = \dfrac{1}{\mu r'\nu} = $ 常数,故 $\lg K$ 与 $\lg \Delta p$ 的关系在直角坐标上标绘时应是一条直线,直线的斜率为 $1-s$,由此可得滤饼的压缩性指数 s。

三、实验装置

恒压过滤实验装置流程如图 4.4.1 所示。

四、实验步骤

1. 实验准备

(1)配料:在配料罐内配制含 $CaCO_3$ 8%~10%(质量分数)的水悬浮液。

(2)搅拌:系统接上电源,开启总电源,开启搅拌,搅拌转速调至 500r/min 即可,将滤液搅拌均匀。

(3)设定压力:分别打开进压力罐的三路阀门,空压机过来的压缩空气经各定值调节阀分别设定为 0.15MPa、0.10MPa 和 0.05MPa。

(4)装板框:正确装好滤板、滤框及滤布。滤布使用前用水浸湿,滤布要绷紧,不能起皱。滤布紧贴滤板,密封垫贴紧滤布。

(5)灌清水:向清水罐通入自来水,液面达 2/3 高度左右。灌清水时,应将安全阀处的泄压阀打开。

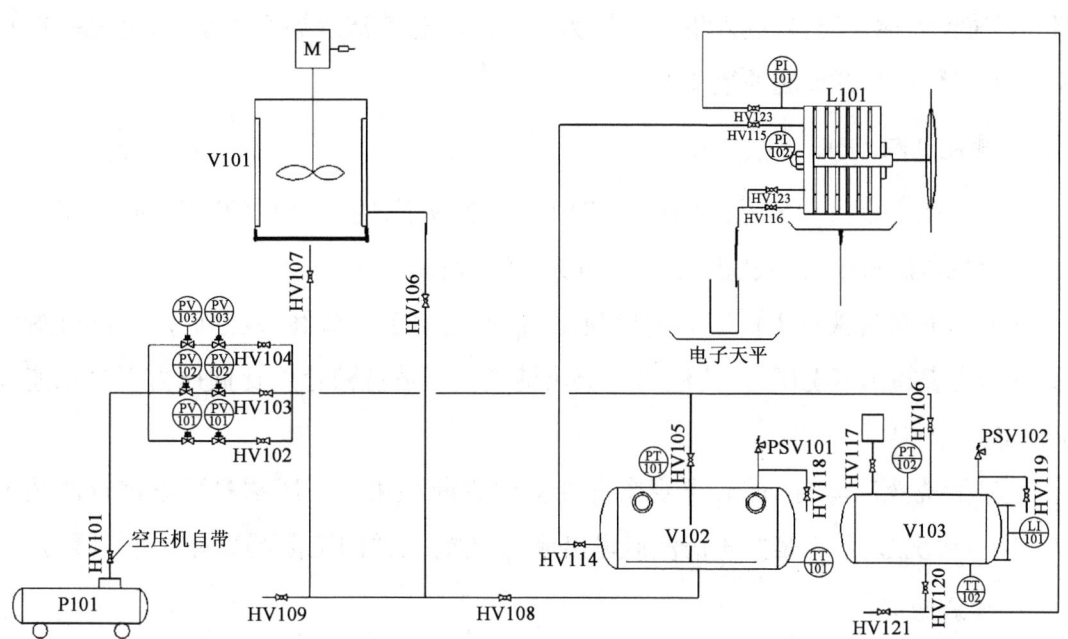

P101	V101	L101	V102	V103
空压机	配料罐	卧式板框过滤机	料液压力罐	清水罐

图 4.4.1　恒压过滤实验装置流程示意图

(6)灌料:在压力罐泄压阀打开的情况下,打开配料罐和压力罐间的进料阀门,使料浆自动由配料桶流入压力罐至其视镜 1/2~2/3 处,关闭进料阀门。

2. 过滤过程

(1)鼓泡:通压缩空气至压力罐,使容器内料浆不断搅拌。压力料槽的排气阀应不断排气,但又不能喷浆。

(2)过滤:将板框上出口至滤液接收罐阀门打开。打开进板框前料液进口的两个阀门,打开出板框后清液出口球阀。此时,压力表指示过滤压力,清液出口流出滤液。

(3)每次实验应在滤液从汇集管刚流出的时候作为开始时刻,每次 Δm 取 0.3kg 左右,记录相应的过滤时间 $\Delta \tau$。每个压力下,测量 8~10 个读数即可停止实验。若欲得到干而厚的滤饼,则每个压力下应做到没有清液流出为止。此外,要熟练双秒表轮流读数的方法。

(4)一个压力下的实验完成后,先打开泄压阀使压力罐泄压。卸下滤框、滤板、滤布进行清洗,清洗时滤布不要折。每次滤液及滤饼均收集在小桶内,滤饼弄细后重新倒入料浆桶内搅拌配料,进入下一个压力实验。注意若清水罐水不足,可补充一定水源,补水时仍应打开该罐的泄压阀。

3. 清洗过程

(1)关闭板框过滤的进出阀门。将中间双面板下通孔切换阀开到通孔关闭状态(阀门手柄与滤板平行为过滤状态,垂直为清洗状态)。

(2)打开清洗液进入板框的进出阀门(板框前两个进口阀,板框后一个出口阀)。此时,压力表指示清洗压力,清液出口流出清洗液。清洗液速度比同压力下过滤速度小很多。

(3)清洗液流动约 1min,可观察混浊变化判断结束。一般物料可不进行清洗过程。结束清洗过程,也是关闭清洗液进出板框的阀门,关闭定值调节阀后进气阀门。

4. 实验结束

(1)先打开安全阀处泄压阀,使压力罐和清水罐泄压。

(2)关闭空压机出口球阀,关闭空压机电源。

(3)卸下滤框、滤板、滤布进行清洗,清洗时滤布不要折。

(4)将压力罐内物料反压到配料罐内备下次使用,或将该二罐物料直接排空后用清水冲洗。

五、实验数据处理

1. 已知数据

(1)过滤面积 $A = (0.137/2)^2 \times 3.14 \times 4 = 0.057 m^2$。

(2)每次测定的滤液体积 $\Delta V = 3.0 \times 10^{-4} m^3$。

2. 待测数据

表4.4.1 恒压过滤常数测定实验数据表1

序号	Q m^3/m^2	q_{av} m^3/m^2	0.05MPa		0.10MPa		0.15MPa	
			时间 $\Delta\theta$ s	$\Delta\theta/\Delta q$	时间 $\Delta\theta$ s	$\Delta\theta/\Delta q$	时间 $\Delta\theta$ s	$\Delta\theta/\Delta q$
1								

续表

序号	Q m³/m²	q_{av} m³/m²	0.05MPa		0.10MPa		0.15MPa	
			时间 $\Delta\theta$ s	$\Delta\theta/\Delta q$	时间 $\Delta\theta$ s	$\Delta\theta/\Delta q$	时间 $\Delta\theta$ s	$\Delta\theta/\Delta q$
2								
3								
4								
5								
6								
7								
8								
9								
10								
11								
12								
13								
14								
15								
16								
17								
18								

表 4.4.2　恒压过滤常数测定实验数据表 2

序号	斜率	截距	压差 kPa	K m²/s	q_e m³/m²	θ_e s	$x/\lg K$	$y/\lg \Delta p$
1								
2								
3								

3. 实验报告要求

（1）将实验数据及计算结果整理列表。

（2）分别绘制三种压差下 $\Delta\theta/\Delta q$—q 的关系曲线。

（3）绘制 $\lg K$—$\lg\Delta p$ 关系曲线，并求出滤饼的压缩性指数 s 和物料特性常数 k。

（4）讨论实验现象和结果。

（5）回答思考题。

六、思考题

（1）为什么过滤开始时，滤液常常有一点浑浊，过滤一段时间后才转清？

（2）为什么每次实验结束后，都得把滤饼和滤液倒回滤浆槽内？

（3）在恒压过滤条件下，过滤速率随过滤时间如何变化？是否过滤时间越长，生产能力就越大？

七、注意事项

（1）过滤板与过滤框之间的密封垫注意要放正，过滤板与过滤框上面的滤液进出口要对齐。滤板与滤框安装完毕后要用摇柄把过滤设备压紧，以免漏液。

（2）计量桶的流液管口应紧贴桶壁，防止液面波动影响读数。

（3）压力罐液面不要太高，避免鼓泡时，液体从放空口处排出。

4.5 离心风机、流化床、旋风分离器性能测定实验

一、实验目的

(1) 了解离心风机结构与特性,熟悉离心风机的使用。
(2) 掌握离心风机特性曲线测定方法。
(3) 了解皮托管、电动调节阀的工作原理和使用方法。

二、实验原理

离心风机的特性曲线是选择和使用离心风机的重要依据之一,其特性曲线是在恒定转速下离心风机的风压 H、轴功率 N 及效率 η 与离心风机的流量 Q 之间的关系曲线,它是流体在离心风机内流动规律的宏观表现形式。由于离心风机内部流动情况复杂,不能用理论方法推导出离心风机的特性关系曲线,只能依靠实验测定。

风压—流量曲线:它是判断离心风机是否满足管路使用要求的重要依据。风压大多随风量的增加而下降。有的曲线比较平坦,适用于风量变化较大而风压变化不大的场合。

轴功率—流量曲线:轴功率一般随风量的增大而增大,当风量为 0 时,轴功率最小,因此离心风机应在出口阀关闭下启动,以防止电动机过载。

效率—流量曲线:效率曲线有一最高点,称为设计点。离心风机在该点工作时最经济,所以其所对应的流量、风压和轴功率为最佳工况参数。由于管路输送条件不同,离心风机不可能刚好在最佳工况点运行。一般来说,离心风机的效率在 50% 以上,由于工艺等条件影响,实验用的离心风机往往效率更低。

(1) 风量 Q。风量是单位时间内从离心风机出口排出的气体体积,可用节流器来测定。本实验装置采用皮托管测量风量。采用两根导管,一根深入到通风管道中心,测量轴心处的最大风压 f_1,另一根测量管壁上的静压 f_2。通过公式

$$v = \sqrt{2(f_1 - f_2)/\rho} \tag{4.5.1}$$

算出管轴心处的最大速度,然后根据最大速度与平均速度的关系,得到平均速度,再乘

以管道的横截面积算出风量。

(2) 风压 H_t。风压是单位体积的气体流过离心风机时所获得的机械能,单位为 J/m^3,即 Pa,习惯上也常用 mmH_2O 表示。风压一般可通过测量风机进、出口处气体的流速与压强的数据,按伯努利方程式来计算。设离心风机进、出口截面为 1 和 2 截面,则

$$H_t = (p_2 - p_1) + \frac{u_2^2}{2}\rho = H_{st} + H_d \tag{4.5.2}$$

其中
$$H_{st} = p_2 - p_1 \quad H_d = \frac{u_2^2}{2}\rho$$

式中 H_{st}——静风压,Pa;

p_1, p_2——离心风机进、出口压力,Pa;

H_d——动风压,Pa;

u_2——离心风机出口风速,m/s;

ρ——气体密度,kg/m^3;

H_t——静风压与动风压之和,又称为全风压。

(3) 静风压 H_{st}。在离心风机所产生的能量中,动风压往往不能回收,不能用于克服流动阻力,因此,在选离心风机时常需核实该离心风机在一定流量时,能否提供足够的可克服沿程阻力的静风压。静风压等于风机出口压力与进口压力的差。实验中,风机进口与大气相通,压力近似为 0。取风机出口压力为静风压,其单位为 Pa。

(4) 动风压 H_d。动风压提供气体从静止变为速度气流的动能增值,动风压的大小即为式(4.5.1)中的 $f_1 - f_2$,可由皮托管所测得的风量计算得到。

(5) 轴功率 N。

$$N = N_电 k \tag{4.5.3}$$

式中,$N_电$ 为电功率表显示值,k 代表电动机传动效率,可取 $k = 0.5$。

(6) 效率 η。离心风机的效率 η 是离心风机的有效功率 N_e 与轴功率 N 的比值。有效功率 N_e 是单位时间内流体经过离心风机时所获得的实际功率,轴功率 N 是单位时间内离心风机轴从电动机得到的功,两者差异反映了水力损失、容积损失和机械损失的大小。离心风机的有效功率 N_e 可用下式计算:

$$N_e = H_t Q \tag{4.5.4}$$

故离心风机效率为

$$\eta = \frac{H_t Q}{N} \times 100\% \tag{4.5.5}$$

三、实验装置

离心风机、流化床、旋风分离器性能测定实验装置如图 4.5.1 所示。

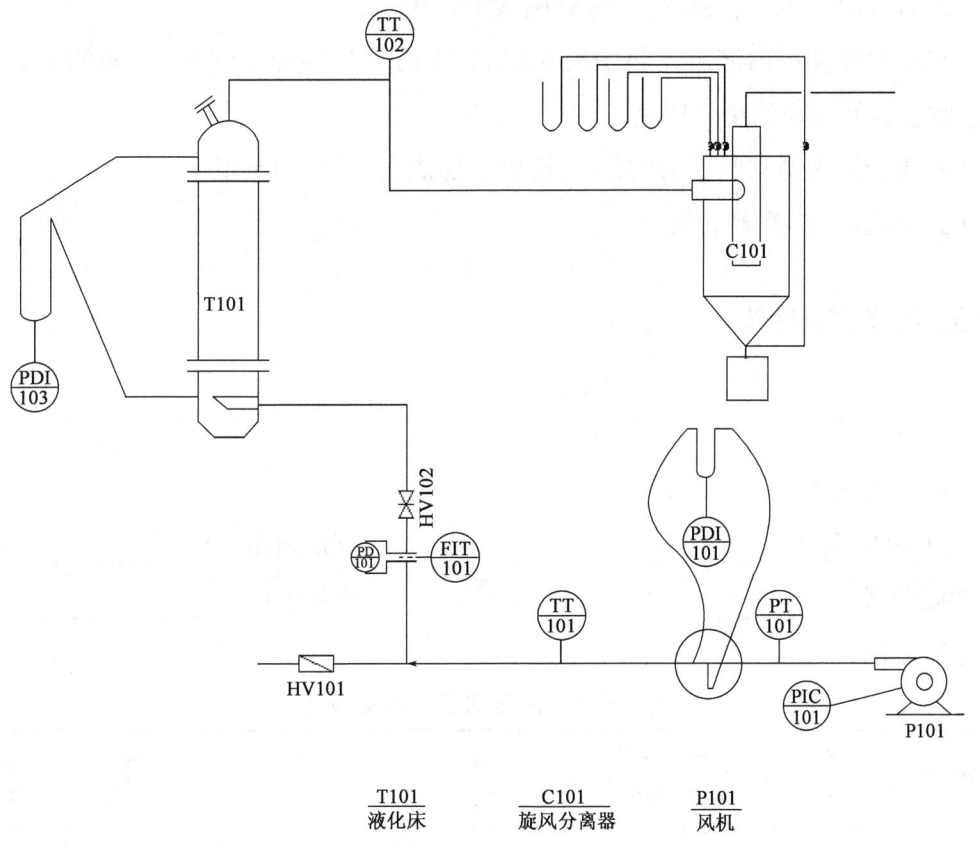

T101　　　C101　　　P101
液化床　旋风分离器　风机

图 4.5.1　离心风机、流化床、旋风分离器性能测定实验装置示意图

四、实验步骤

1. 离心风机特性曲线测定实验

(1)检查电源和信号线是否与控制柜正确连接,检查各阀门开度和仪表自检情况,试开状态下检查离心风机是否正常运转。

(2)将出口蝶阀 HV101 和旁路闸阀 HV102 关闭,打开离心风机开关,待各仪表读数显示稳定后,读取风量、压力、温度、功率等数据。或通过组态软件采集数据。

(3)逐渐加大出口蝶阀开度以增加流量,读取相应数据。

(4)测取 7 组左右数据后,停止实验,绘制出特性曲线。

2. 流化床、旋风分离器演示实验

(1)关闭出口蝶阀 HV101,从流化床顶部加入硅胶粉颗粒(或纸屑、木屑等)。

(2)打开离心风机,逐步打开旁路闸阀 HV102。

(3)观察流化床内演示物料的流化状态、离心风机的除尘情况、径向的压力分布情况、收集器处出现的负压情况。

(4)逐渐加大旁路闸阀 HV102 开度以增加流量,观察相应现象。

(5)实验结束,关闭电源。

五、实验数据处理

1. 数据处理

(1)基础数据。

离心风机型号:_____   额定风量:_____

额定功率:_____   流体温度:_____

(2)表格。

表 4.5.1 性能测定实验记录表

实验次数	流量 Q m³/h	静风压 kPa	总风压 Pa	功率 W	轴功率 W	离心风机效率
1						
2						
3						
4						
5						
6						
7						

表 4.5.2　打开旁通阀后测得数据

实验次数	流量 Q m³/h	静风压 kPa	总风压 Pa	功率 W	轴功率 W	离心风机效率
1						
2						
3						
4						
5						
6						
7						

将数据换算成标准单位,并由式(4.5.2)、式(4.5.3)、式(4.5.5)计算出动风压、全风压、轴功率和效率。

2. 实验报告要求

(1)将实验数据及计算结果整理列表。

(2)绘制离心风机的全风压 H、轴功率 N 及效率 η 与离心风机的流量 Q 之间的关系曲线。

(3)讨论实验现象和结果。

(4)回答思考题。

六、思考题

(1)离心风机为什么要在出口阀关闭下启动?

(2)根据风压—流量曲线,如何判断离心风机是否符合管路使用要求?

(3)离心风机的效率 η 是风机的有效功率 N_e 与轴功率 N 的比值,效率的大小反映出了什么?

七、注意事项

(1)由于管道条件的限制,蝶阀全开时,效率未必达到最高点,需要适当调节旁路阀门完成实验。

（2）离心风机使用三相电源供电，电压很高而且运转速度很快，实验时应注意安全。

（3）从发出控制信号到电动调节阀完成动作需要经过一段时间，其他仪表也存在一定延时，请等待系统稳定之后再开始记录数据。

（4）请保持实验室的清洁，否则离心风机出口风量较大，易引起灰尘四起，污染环境。

4.6 综合传热系数测定实验

一、套管换热器

一、实验目的

(1)通过对空气—水蒸气普通套管换热器的实验研究,掌握对流传热系数α_i的测定方法,加深对其概念和影响因素的理解。

(2)通过对管程内部插有螺旋线圈的空气—水蒸气强化套管换热器的实验研究,掌握对流传热系数α_i的测定方法,加深对其概念和影响因素的理解。

(3)学会应用线性回归分析方法,分别确定普通套管和强化套管热器的Nu、Re、Pr之间的关系式。

(4)根据关系计算出强化套管和普通套管努塞尔数Nu、Nu_0,求出强化比$\dfrac{Nu}{Nu_0}$,比较强化传热的效果,加深理解强化传热的基本理论和基本方式。

二、实验原理

1.普通套管换热器传热系数测定及准数关联式的确定

1)对流传热系数α_i的测定

对流传热系数α_i可以根据牛顿冷却定律,通过实验来测定。

$$Q_i = \alpha_i S_i \Delta t_m \tag{4.6.1}$$

$$\alpha_i = \frac{Q_i}{\Delta t_m S_i} \tag{4.6.2}$$

式中 α_i——管内流体对流传热系数,W/(m²·℃);

Q_i——管内传热速率,W;

S_i——管内换热面积,m²;

Δt_m——对数平均温度差,℃。

对数平均温度差由壁面平均温度和空气进、出口温度按下式确定:

$$\Delta t_m = \frac{\Delta t_2 - \Delta t_1}{\ln \dfrac{\Delta t_2}{\Delta t_1}} \tag{4.6.3}$$

因为换热器内管为紫铜管,其导热系数很大,且管壁很薄,故认为内壁温度、外壁温度和壁面平均温度近似相等,用 t_w 来表示,由于管外使用蒸汽,所以 t_w 近似等于热流体的平均温度。

管内换热面积计算公式如下:

$$S_i = \pi d_i L_i \tag{4.6.4}$$

式中 d_i——内管管内径,m;
L_i——传热管测量段的实际长度,m。

热量衡算式如下:

$$Q_i = W_i c_{pi}(t_{i2} - t_{i1}) \tag{4.6.5}$$

其中

$$W_i = \frac{V_i \rho_i}{3600} \tag{4.6.6}$$

$$V_i = C_0 A_0 \sqrt{\frac{2\Delta p}{\rho_i}}$$

式中 V_i——空气在套管内的平均体积流量,m³/h;

c_{pi}——冷流体的比定压热容,kJ/(kg·℃)(c_{pi} 可根据定性温度 t_m 查得, $t_m = \dfrac{t_{i1} + t_{i2}}{2}$ 为冷流体进出口平均温度)。

C_0——流量计的流量系数;

ρ_i——空气的密度,kg/m³(可根据冷流体进口温度 t_{i1} 查得)。

2)对流传热系数准数关联式的实验确定

流体在管内作强制湍流,被加热状态,准数关联式的形式为

$$Nu_i = A Re_i^m Pr_i^n \tag{4.6.7}$$

其中 $\quad Nu_i = \dfrac{\alpha_i d_i}{\lambda_i}, \quad Re_i = \dfrac{u_i d_i \rho_i}{\mu_i}, \quad Pr_i = \dfrac{c_{pi} \mu_i}{\lambda_i}$

物性数据 λ_i、c_{pi}、ρ_i、μ_i 可根据定性温度 t_m 查得。经过计算可知,对于管内被加热

的空气,普朗特数 Pr_i 变化不大,可以认为是常数,则关联式的形式简化为

$$Nu_i = ARe_i^m Pr_i^{0.4} \quad (4.6.8)$$

这样通过实验确定不同流量下的 Re_i 与 Nu_i,然后用线性回归方法确定 A 和 m 的值。

2. 强化套管换热器传热系数、准数关联式及强化比的测定

强化传热技术,可以使初设计的传热面积减小,从而减小换热器的体积和重量,提高了现有换热器的换热能力,达到强化传热的目的。同时换热器能够在较低温差下工作,减少了换热器工作阻力,以减少动力消耗,更合理有效地利用能源。强化传热的方法有多种,本实验装置采用了多种强化方式。

其中螺旋线圈强化管内部结构如图 4.6.1 所示。螺旋线圈由直径 3mm 以下的铜丝和钢丝按一定节距绕成,将金属螺旋线圈插入并固定在管内,即可构成一种强化传热管。在近壁区域,流体一面由于螺旋线圈的作用而发生旋转,一面还周期性地受到线圈的螺旋金属丝的扰动,因而可以使传热强化。由于绕制线圈的金属丝直径很细,流体旋流强度也较弱,所以阻力较小,有利于节省能源。螺旋线圈以线圈节距 H 与管内径 d 的比值以及管壁粗糙度($2d/h$)为主要技术参数,且长径比是影响传热效果和阻力系数的重要因素。

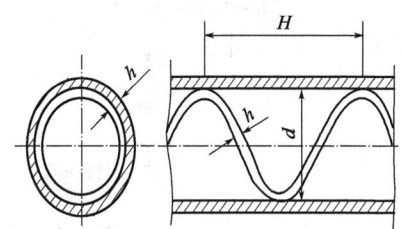

图 4.6.1 螺旋线圈强化管内部结构

科学家通过实验研究总结了形式为 $Nu = ARe^m$ 的经验公式,其中 A 和 m 的值因强化方式不同而不同。在本实验中,确定不同流量下的 Re_i 与 Nu_i,用线性回归方法可确定 B 和 m 的值。

单纯研究强化手段的强化效果(不考虑阻力的影响),可以用强化比(Nu/Nu_0)的概念作为评判准则,其中 Nu 是强化管的努塞尔数,Nu_0 是普通管的努塞尔数,显然,强化比 $Nu/Nu_0 > 1$,而且它的值越大,强化效果越好。需要说明的是,如果评判强化方式的真正效果和经济效益,则必须考虑阻力系数。阻力系数随着换热系数的增加而增

加,从而导致换热性能的降低和能耗的增加,只有强化比较高且阻力系数较小的强化方式,才是最佳的强化方法。

三、实验装置

实验装置流程示意图如图4.6.2所示。实验装置结构参数见表4.6.1。

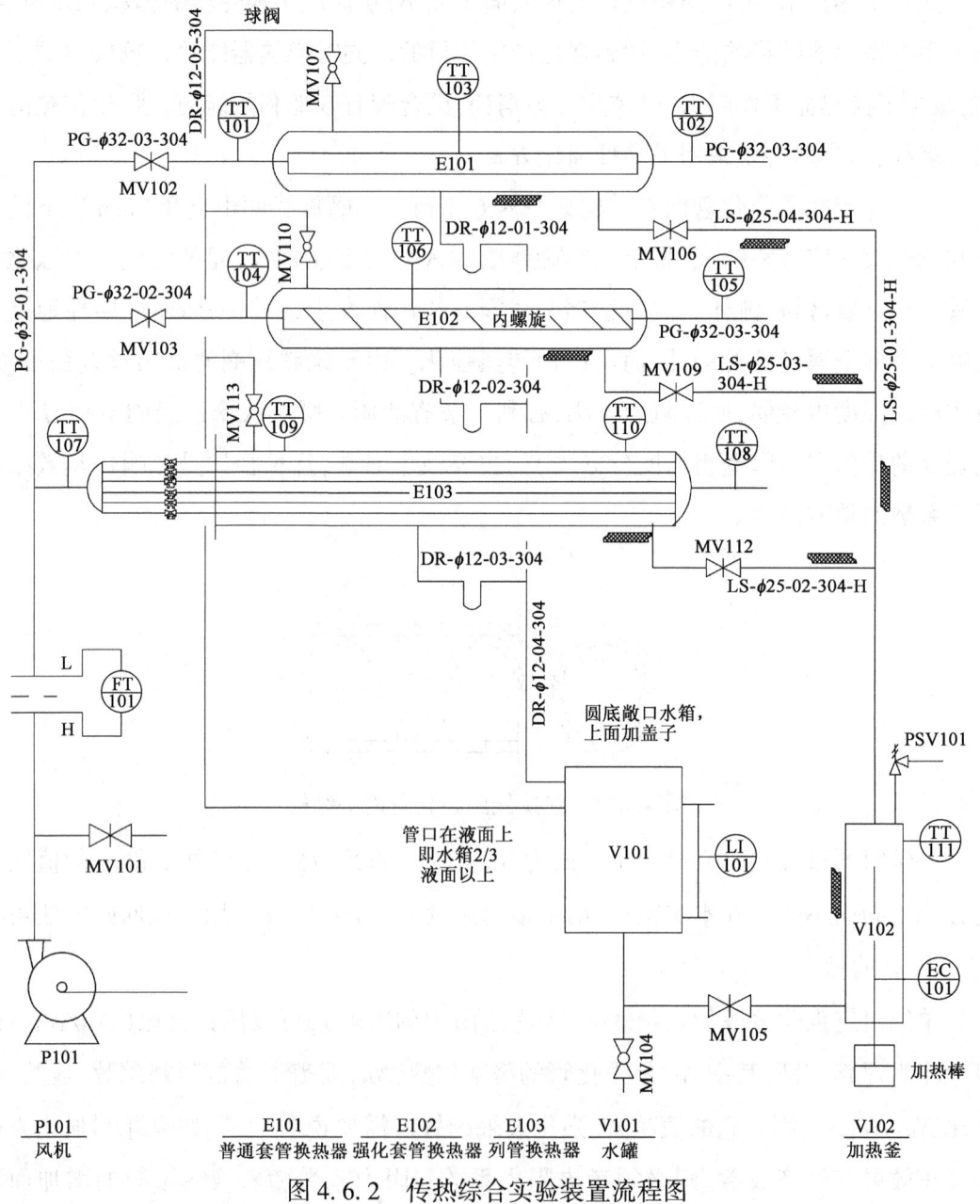

图 4.6.2　传热综合实验装置流程图

表 4.6.1　实验装置结构参数

套管换热器内管直径,mm		$\phi 22\times 1$
测量段(不锈钢管)长度 L,m		1.20
测量段(紫铜内管)长度 L,m		1.20
强化内管内插物(螺旋线圈)尺寸	丝径 h,mm	1
	节距 H,mm	40
孔板流量计孔流系数及孔径		$c_0 = 0.65$、$d_0 = 0.02$m
旋涡气泵		XGB—12 型
加热釜	操作电压,V	≤200
	操作电流,A	≤10

四、实验步骤

1. 实验前的检查准备

(1)向补水箱中加水至三分之二处。

(2)检查空气流量旁路调节阀是否全开(应全开)。

(3)检查蒸汽管支路各控制阀 MV106、MV107 和空气支路控制阀 MV102 是否已打开(3 个换热器应保证有一路是开启状态),保证蒸汽和空气管线畅通。

2. 以普通管实验为例的实验步骤

(1)打开阀门 MV105。打开总电源开关。打开加热开关,设定加热电压(不得大于 200V),直至壁面温度升至 99℃左右并且 5min 保持不变。加热电压的设定:按一下加热电压控制仪表的◉、◉键调节相应数值,调好后在不按动仪表上任何按键的情况下 30s 后仪表自动确认,并按所设定的数值应用。

(2)启动风机,并用旁路调节阀来调节空气的流量,在一定的流量下稳定 3~5min 后分别记录空气的流量、空气进出口的温度、壁面温度。然后,再改变流量,稳定后分别记录空气的流量、空气进出口的温度、壁面温度,之后继续实验。

(3)实验结束后,首先关闭加热开关,5min 后关闭风机和总电源。一切复原。

(4)强化管实验和普通管一致。

五、实验数据处理

1. 数据记录

实验原始数据及整理结果见表 4.6.2。

表 4.6.2 实验数据记录及数据整理表

项目	1	2	3	4	5
空气入口温度 t_{i1}, ℃					
空气出口温度 t_{i2}, ℃					
t_w, ℃					
Δp, kPa					
t_m, ℃					
Δt_m, ℃					
ρ_i, kg/m³					
ρ_{t_m}, kg/m³					
λ_{t_m}, W/(m·℃)					
$c_{p t_m}$, J/(kg·℃)					
$\mu_{t_m} \times 10^{-5}$, Pa·s					
V_i, m³/h					
u_i, m/s					
Q_i, W					
∂_i, W/(m²·℃)					
Re					
Nu					
Pr					
$Nu/Pr^{0.4}$					

2. 数据处理

（1）将数据整理成 $\dfrac{Nu}{Pr^{0.4}}$ 与 Re 的对应关系并绘出相应曲线，得 $Nu_i = ARe_i^m Pr_i^{0.4}$ 中的相关系数。

（2）将计算中有关重要参数整理，列表并做适当分析。

物性数据 λ_i、c_{pi}、ρ_i、μ_i 可根据定性温度 t_m 查得，也可通过关联式进行计算。

空气温度和密度之间的关系式：

$$\rho = 10^{-5} t^2 - 4.5 \times 10^{-3} t + 1.2916$$

空气温度和导热系数之间的关系式：

$$\lambda = -2 \times 10^{-8} t^2 + 8 \times 10^{-5} t + 0.0244$$

3. 实验报告要求

（1）测定 5~6 组不同流速下普通套管换热器的对流传热系数 α_i。

（2）测定 5~6 组不同流速下强化套管换热器的对流传热系数 α_i。

（3）对 α_i 实验数据进行线性回归，确定关联式 $Nu = ARe^m Pr^{0.4}$ 中常数 A、m 的数值。

（4）通过关联式 $Nu = ARe^m Pr^{0.4}$ 计算出强化套管换热器和普通套管换热器的努塞尔数 Nu、Nu_0，并确定传热强化比 $\dfrac{Nu}{Nu_0}$。

六、思考题

（1）实验中应测取哪些数据？

（2）空气流量如何测取？

（3）努塞尔数关联式中常数有哪几种确定方法？

七、注意事项

（1）检查蒸汽发生器中的水位是否在正常范围内。特别是在每个实验结束后，进行下一实验之前，如果发现水位过低，应及时补给水量。电加热是湿式电加热，严禁干烧。

（2）必须保证蒸汽上升管线的畅通，即在给蒸汽加热釜电压之前，两蒸汽支路阀门之一必须全开。在转换支路时,应先开启需要的支路阀,再关闭另一侧,且开启和关闭阀门必须缓慢,防止管线截断或蒸汽压力过大突然喷出。

(3)必须保证空气管线的畅通,即在接通风机电源之前,两个空气支路控制阀之一和旁路调节阀必须全开。在转换支路时,应先关闭风机电源,然后开启和关闭支路阀。

(4)调节流量后,应至少稳定3~5min后读取实验数据。

(5)实验中保持上升蒸汽量的稳定,不应改变加热电压,且保证蒸汽放空口一直有蒸汽放出。

一、实验目的

(1)通过对空气—水蒸气列管换热器的实验研究,掌握对流传热系数 α_i 的测定方法,加深对其概念和影响因素的理解。

(2)通过变换列管换热器换热面积测取相应数据,计算其总传热系数 K,加深对总传热系数概念和影响因素的理解。

二、实验原理

列管换热器总传热系数 K 是评价换热器性能的一个重要参数,也是对换热器进行传热计算的依据。对于已有的换热器,可以通过测定有关数据,如设备尺寸、流体的流量和温度等,通过传热速率方程式计算 K 值。

1. 管内对流传热系数 α_i 的测定

对流传热系数 α_i 可以根据牛顿冷却定律,通过实验来测定。

$$Q_i = \alpha_i S_i \Delta t_m \tag{4.6.9}$$

$$\alpha_i = \frac{Q_i}{\Delta t_m S_i} \tag{4.6.10}$$

式中 α_i——管内流体对流传热系数,W/(m²·℃);

Q_i——管内传热速率,W;

S_i——管内换热面积,m^2;

Δt_m——冷热流体的对数平均温度差,℃。

对数平均温度差由下式确定:

$$\Delta t_m = \frac{\Delta t_2 - \Delta t_1}{\ln \frac{\Delta t_2}{\Delta t_1}} \tag{4.6.11}$$

式中 $\Delta t_2, \Delta t_1$——热、冷流体的入口、出口之间的温差,℃;

管内换热面积:

$$S_i = n\pi d_i L_i \tag{4.6.12}$$

式中 d_i——内管管内径,m;

n——列管换热器开通根数,根;

L_i——传热管测量段的实际长度,m。

热量衡算式:

$$Q_i = W_i c_{pi}(t_{i2} - t_{i1}) \tag{4.6.13}$$

其中

$$W_i = \frac{V_i \rho_i}{3600} \tag{4.6.14}$$

$$V_i = C_0 A_0 \sqrt{\frac{2\Delta p}{\rho_i}}$$

式中 V_i——冷流体在套管内的平均体积流量,m^3/h;

ρ_i——冷流体的密度,kg/m^3,可根据冷流体进口温度 t_{i1} 查得;

c_{pi}——冷流体的比定压热容,kJ/(kg·℃),可根据定性温度 t_m 查得。

2. 管外对流传热系数 α_0 的计算

管外对流传热系数 α_0 可根据水平管膜状冷凝对流传热系数经验公式进行估算,影响因素比较复杂,本实验不做要求。

3. 总传热系数 K 的近似计算

由于管外水蒸气膜状冷凝对流传热系数 α_0 远远大于管内的空气对流传热系数 α_i,管壁非常薄,流体主要是空气和水蒸气,若忽略导热热阻及污垢热阻,则总传热系数 K 按下式近似计算:

$$\frac{1}{K} \approx \frac{1}{\alpha_i} \tag{4.6.15}$$

三、实验装置

实验装置流程示意图如图 4.6.2 所示,实验装置结构参数见表 4.6.3。

表 4.6.3　实验装置结构参数

列管换热器外管直径,mm	$\phi 57 \times 3.5$
列管换热器内管直径,mm	$\phi 19 \times 2$
测量段(不锈钢管)长度 L,m	1.20
孔板流量计孔流系数及孔径	$c_0 = 0.65$、$d_0 = 0.02$m
旋涡气泵	XGB—12 型
加热釜　操作电压,V	≤200
操作电流,A	≤10

四、实验步骤

1. 实验前的检查准备

(1)向补水箱中加水至三分之二处。

(2)检查空气流量旁路调节阀是否全开(应全开)。

(3)检查蒸汽管支路控制阀和空气支路控制阀是否已打开,保证蒸汽和空气管线畅通。

2. 列管换热器实验

(1)打开阀门 MV105。打开总电源开关。打开加热开关,设定加热电压(不得大于 200V),直至壁面温度升至 99℃左右并且 5min 保持不变。加热电压的设定:按一下加热电压控制仪表的⊙、⊙键调节相应数值,调好后在不按动仪表上任何按键的情况下 30s 后仪表自动确认,并按所设定的数值应用。

(2)启动风机,并用旁路调节阀来调节空气的流量,在一定的流量下稳定 3~5min 后分别记录空气的流量,空气进、出口的温度、蒸汽进、出口温度。然后,再改变流量,稳定后分别记录空气的流量,空气进、出口的温度(列管换热器分6路,一路、两路、三路、四路、五路、六路分别进行实验)。

五、实验数据处理

1. 数据记录

实验原始数据及整理结果见表4.6.4。

表4.6.4 实验数据记录及数据整理表

项目	1	2	3	4	5
空气流量压差,kPa					
空气入口温度 t_1,℃					
空气出口温度 t_2,℃					
蒸汽进口温度 T_1,℃					
蒸汽出口温度 T_2,℃					
Δp,kPa					
t_m,℃					
Δt_m,℃					
ρ_i,kg/m³					
ρ_{t_m},kg/m³					
λ_{t_m},W/(m·K)					
$c_{p t_m}$,J/(kg·K)					
$\mu_{t_m} \times 10^{-5}$,Pa·s					
V_i,m³/h					
u_i,m/s					
Q_i,W					
∂_i,W/(m²·℃)					
K,W/(m²·℃)					

2. 数据处理

将计算中有关重要参数整理,列表并做适当分析。

物性数据 λ_i、c_{pi}、ρ_i、μ_i 可根据定性温度 t_m 查得,也可通过关联式进行计算:

空气温度和密度之间的关系式:

$$\rho = 10^{-5}t^2 - 4.5 \times 10^{-3}t + 1.2916$$

空气温度和导热系数之间的关系式:

$$\lambda = -2 \times 10^{-8}t^2 + 8 \times 10^{-5}t + 0.0244$$

3. 实验报告要求

测定不同换热面积下 5~6 组不同流速下列管换热器的总传热系数 K。

六、思考题

(1)实验中应测取哪些数据?

(2)空气流量应如何测取?

(3)如何测取总传热系数 K?

七、注意事项

(1)检查蒸汽发生器中的水位是否在正常范围内。特别是每个实验结束后,进行下一实验之前,如果发现水位过低,应及时补给水量。电加热是湿式电加热,严禁干烧。

(2)必须保证蒸汽上升管线的畅通,即在给蒸汽加热釜电压之前,蒸汽支路阀门必须全开。

(3)必须保证空气管线的畅通,即在接通风机电源之前,待测空气管路控制阀和旁路调节阀必须全开。

(4)调节流量后,应至少稳定 3~5min 后读取实验数据。

(5)实验中保持上升蒸汽量的稳定,不应改变加热电压,且保证蒸汽放空口一直有蒸汽放出。

(6)长期不用时,应将设备内水放净。

(7)严禁学生打开电柜,以免发生触电。

4.7 精馏塔的操作与塔板效率的测定实验

一、实验目的

(1) 了解板式塔的基本结构、精馏流程及各个部分的作用。
(2) 学会识别精馏塔内出现的几种操作状态,并分析这些操作状态对塔性能的影响。
(3) 学习精馏塔性能参数的测量方法,并掌握其影响因素。

二、实验原理

精馏分离是根据溶液中各组分挥发度(或沸点)的差异,使各组分得以分离,其中较易挥发的称为易挥发组分(或轻组分),较难挥发的称为难挥发组分(或重组分)。通过气、液两相的直接接触,使易挥发组分由液相向气相传递,难挥发组分由气相向液相传递,实现气、液两相之间的传递过程。

如图4.7.1所示,现取第 n 板为例来分析精馏过程和原理。

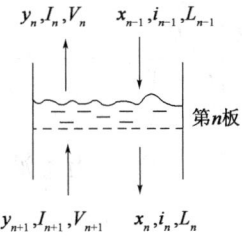

图 4.7.1 第 n 板的质量和热量衡算图

塔板的形式有多种,最简单的一种是板上有许多小孔的筛板塔,每层板上都装有降液管,来自下一层($n+1$ 层)的蒸汽通过板上的小孔上升,而上一层($n-1$ 层)来的液体通过降液管流到第 n 板上,在第 n 板上气液两相密切接触,进行热量和质量的交换。进、出第 n 板的物流有四种:

(1) 由第 $n-1$ 板溢流下来的液体量为 L_{n-1},其组成为 x_{n-1},温度为 t_{n-1};

(2) 由第 n 板上升的蒸汽量为 V_n，组成为 y_n，温度为 t_n；

(3) 从第 n 板溢流下去的液体量为 L_n，组成为 x_n，温度为 t_n；

(4) 由第 $n+1$ 板上升的蒸汽量为 V_{n+1}，组成为 y_{n+1}，温度为 t_{n+1}。

因此，当组成为 x_{n-1} 的液体及组成为 y_{n+1} 的蒸汽同时进入第 n 板，由于存在温度差和浓度差，气液两相在第 n 板上密切接触进行传质和传热，若气液两相在板上的接触时间长，接触比较充分，那么离开该板的气液两相相互平衡，通常称这种板为理论板（y_n 与 x_n 平衡）。精馏塔中每层板上都进行着与上述相似的过程，其结果是上升蒸汽中易挥发组分浓度逐渐增高，而下降的液体中难挥发组分越来越浓，只要塔内有足够多的塔板数，就可使混合物达到所要求的分离纯度（共沸情况除外）。

加料板把精馏塔分为两段，加料板以上的塔，即塔上半部完成了上升蒸汽的精制，即除去其中的难挥发组分，因而称为精馏段。加料板以下（包括加料板）的塔，即塔的下半部完成了下降液体中难挥发组分的提浓，除去了易挥发组分，因而称为提馏段。一个完整的精馏塔应包括精馏段和提馏段。

精馏段操作方程为

$$y_{n+1} = \frac{R}{R+1}x_n + \frac{x_D}{R+1} \tag{4.7.1}$$

提馏段操作方程为

$$y_{n+1} = \frac{L+qF}{L+qF-W}x_n - \frac{W}{L+qF-W}x_W \tag{4.7.2}$$

式中，R 为操作回流比，F 为进料摩尔流率，W 为釜液摩尔流率，L 为提馏段下降液体的摩尔流率，q 为进料的热状态参数。

对于二元物系，如已知其气液平衡数据（表 4.7.1），则根据精馏塔的原料液组成、进料热状况、操作回流比及塔顶馏出液组成，可以求出该塔的理论板数 N_T。按照式（4.7.3）可以得到总板效率 E_T，其中 N 为实际塔板数。

表 4.7.1　常压下乙醇—正丙醇汽液平衡数据

x	0	0.126	0.188	0.210	0.358	0.461	0.546	0.600	0.663	0.884	1.000
y	0	0.240	0.318	0.349	0.550	0.650	0.711	0.760	0.799	0.914	1.000

$$E = \frac{N_T - 1}{N} \tag{4.7.3}$$

部分回流时,进料热状态参数的计算式为

$$q = \frac{c_{pm}(t_{BP} - t_F) + r_m}{r_m} \tag{4.7.4}$$

其中

$$c_{pm} = c_{p1}M_1 x_1 + c_{p2}M_2 x_2 \tag{4.7.5}$$

$$r_m = r_1 M_1 x_1 + r_2 M_2 x_2 \tag{4.7.6}$$

式中 c_{pm}——进料液体在平均温度$(t_F + t_P)/2$下的比热容,kJ/(kmol·℃);

t_{BP}——进料的泡点温度,℃;

t_F——进料温度,℃;

r_m——进料液体在其组成和泡点温度下的汽化潜热,kJ/kmol;

c_{p1}, c_{p2}——纯组分1和组分2在平均温度下的比热容,kJ/(kg·℃);

M_1, M_2——纯组分1和组分2的摩尔质量,kg/kmol;

r_1, r_2——纯组分1和组分2在泡点温度下的汽化潜热,kJ/kg;

x_1, x_2——纯组分1和组分2在进料中的摩尔分数。

三、实验装置

筛板精馏塔实验装置流程图如图4.7.2所示。

四、实验步骤

(1)实验前准备工作。将阿贝折光仪配套的超级恒温水浴调整到所需的温度(30℃)。30℃下质量分数与阿贝折光仪读数之间关系可按下列回归式计算:

$$W = 58.844116 - 42.61325 \times n_D \tag{4.7.7}$$

式中,W 为乙醇的质量分数,n_D 为折光仪读数(折射率)。

配制一定浓度的乙醇—正丙醇混合液,然后加到进料槽中。在精馏塔釜中加

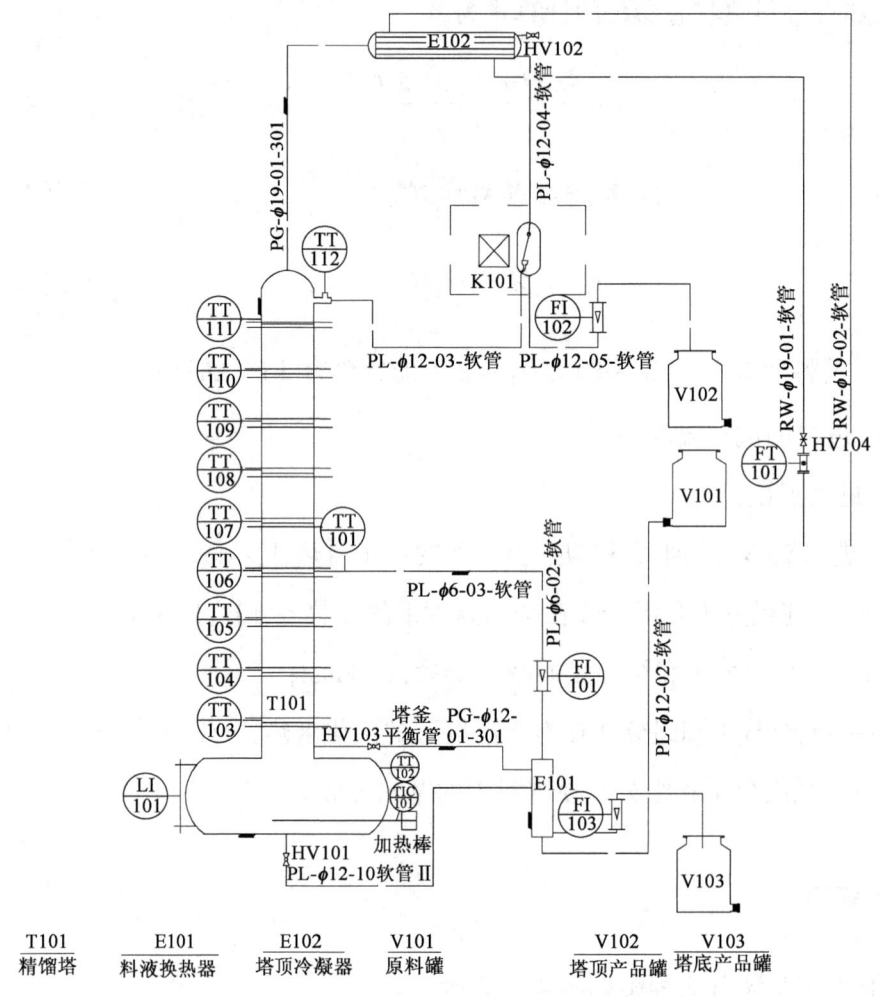

图4.7.2 筛板精馏塔实验装置流程图

入其容积2/3的乙醇—正丙醇混合液。检查取样用的注射器和擦镜头纸是否准备好。

(2)全回流操作。向塔顶冷凝器通入冷却水,接通塔釜加热器电源,设定加热功率进行加热。当塔釜中液体开始沸腾时,注意观察塔内气液接触状况,当塔顶有液体回流后,适当调整加热功率,使塔内维持正常的操作状态。进行全回流操作至塔顶温度保持恒定5min后,在塔顶和塔釜分别取样。

分析时用两种方法分析:①用阿贝折光仪测量样品浓度。②用气相色谱仪分析样品浓度。阿贝折光仪和气相色谱仪使用方法见附录。将两种方法得到的结果进行比较分析。

（3）部分回流操作。打开塔釜冷却水，冷却水流量以保证釜馏出液温度接近常温为准。调节进料泵的转速，或者调节进料转子流量计阀，以 1.5~2.0L/h 的流量向塔内加料，用回流比控制调节器调节回流比 $R=4$，馏出液收集在塔顶容量管内。塔釜产品经冷却后由溢流管流出，收集在塔底的储槽中。等操作稳定后，观察板上传质状况，记下有关数据，整个操作中维持进料流量计读数不变，用注射器取下塔顶、塔釜和进料三处样品，用阿贝折光仪、气相色谱仪分别分析一遍，并记录原料的温度，根据物系的 t—x—y 关系，确定部分回流下进料的泡点温度。

（4）检查数据合理后结束实验。停止加料并将加热电压调节为零，关闭回流比调节器开关。停止加热后 10min，关闭冷却水，一切复原，并打扫实验室卫生，将实验室水电切断后，方能离开实验室。

五、实验数据处理

（1）作出在全回流条件下，塔顶温度随时间的变化曲线。
（2）作出精馏塔在全回流稳定条件下，塔体内温度沿塔高的分布曲线。
（3）计算出全回流和部分回流操作条件下的总板效率。

六、思考题

（1）计算总板效率 E_T 时，为什么理论板数要减去 1？
（2）在全回流、稳定操作条件下塔内温度沿塔高如何分布？何以造成这样的温度分布？
（3）在工程实际中何时采用全回流操作？

七、注意事项

（1）由于实验所用物系属易燃物品，所以实验中要特别注意安全，操作过程中避免洒落以免发生危险。
（2）本实验设备加热功率由仪表自动调节，加热升温要缓慢，以免发生爆沸（过冷沸腾)使釜液从塔顶冲出。若出现此现象应立即断电,重新操作。升温和正常操作过程中釜的电功率不能过大。

(3)开车时要先接通冷却水再向塔釜供热;停车时操作反之。

4.8 二氧化碳吸收与解吸实验

一、实验目的

(1)了解填料吸收塔的结构、性能和特点,练习并掌握填料塔操作方法;通过实验测定数据的处理分析,加深对填料塔流体力学性能基本理论的理解,加深对填料塔传质性能理论的理解。

(2)掌握填料吸收塔传质能力和传质效率的测定方法,练习对实验数据的处理分析。

二、实验原理

吸收系数是决定吸收过程速率高低的重要参数,实验测定可获取吸收系数。对于相同的物系及一定的设备(填料类型与尺寸),吸收系数随着操作条件及气液接触状况的不同而变化。

如图4.8.1所示,根据双膜模型的基本假设,气侧和液侧的吸收质 A 的传质速率方程可分别表达为

$$\text{气膜} \quad G_A = k_g A(p_A - p_{Ai}) \tag{4.8.1}$$

$$\text{液膜} \quad G_A = k_l A(C_{Ai} - C_A) \tag{4.8.2}$$

式中 G_A——A 组分的传质速率,kmol/s;

A——两相接触面积,m^2;

p_A——气侧 A 组分的平均分压,Pa;

p_{Ai}——相界面上 A 组分的平均分压,Pa;

C_A——液侧 A 组分的平均浓度,kmol/m^3;

C_{Ai}——相界面上 A 组分的浓度,kmol/m^3;

k_g——以分压表达推动力的气侧传质膜系数,kmol/($m^2 \cdot s \cdot Pa$);

k_l——以物质的量浓度表达推动力的液侧传质膜系数,m/s。

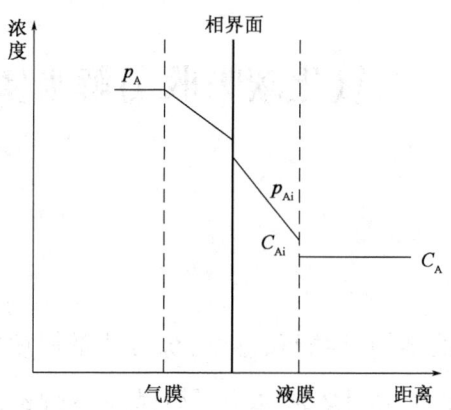

图 4.8.1 双膜模型的浓度分布图

以气相分压或以液相浓度表示传质过程推动力的相际传质速率方程又可分别表达为

$$G_A = K_G A(p_A - p_A^*) \tag{4.8.3}$$

$$G_A = K_L A(C_A^* - C_A) \tag{4.8.4}$$

式中 p_A^*——液相中 A 组分的实际浓度所要求的气相平衡分压,Pa;

C_A^*——气相中 A 组分的实际分压所要求的液相平衡浓度,kmol/m³;

K_G——以气相分压表示推动力的总传质系数,或简称为气相传质总系数,kmol/(m²·s·Pa);

K_L——以气相分压表示推动力的总传质系数,或简称为液相传质总系数,m/s。

若气液相平衡关系遵循亨利定律 $C_A = Hp_A$,则

$$\frac{1}{K_G} = \frac{1}{k_g} + \frac{1}{HK_L} \tag{4.8.5}$$

$$\frac{1}{K_L} = \frac{H}{k_g} + \frac{1}{k_l} \tag{4.8.6}$$

当气膜阻力远大于液膜阻力时,则相际传质过程式受气膜传质速率控制,此时,$K_G = k_g$;反之,当液膜阻力远大于气膜阻力时,则相际传质过程受液膜传质速率控制,此时,$K_L = k_l$。

如图 4.8.2 所示,在逆流接触的填料层内,任意截取一微分段,并以此为衡算系统,则由吸收质 A 的物料衡算可得

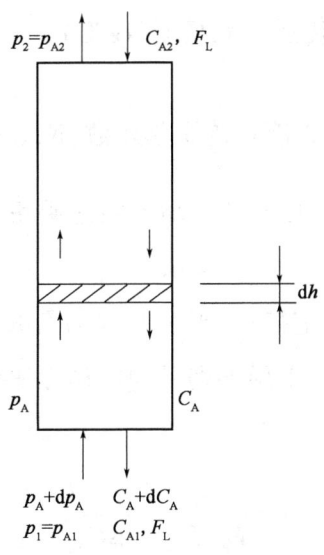

图 4.8.2 填料塔的物料衡算图

$$dG_A = \frac{F_L}{\rho_L} dC_A \tag{4.8.7}$$

式中 F_L——液相摩尔流率,kmol/s;

ρ_L——液相摩尔密度,kmol/m³;

根据传质速率基本方程式,可写出该微分段的传质速率微分方程:

$$dG_A = K_L(C_A^* - C_A) aSdh \tag{4.8.8}$$

联立上两式可得

$$dh = \frac{F_L}{K_L aS\rho_L} \cdot \frac{dC_A}{C_A^* - C_A} \tag{4.8.9}$$

式中 a——气液两相接触的比表面积,m²/m;

S——填料塔的横截面积,m²。

本实验采用水吸收纯二氧化碳,且已知二氧化碳在常温常压下溶解度较小,因此,液相摩尔流率 F_L 和摩尔密度 ρ_L 的比值,即液相体积流率 V_{sL} 可视为定值,且设总传质系数 K_L 和两相接触比表面积 a 在整个填料层内为一定值,则按边值条件积分式(4.8.9),可得填料层高度的计算公式:

$$h = 0 \quad C_A = C_{A2} \quad h = h \quad C_A = C_{A1}$$

$$h = \frac{V_{sL}}{K_L aS} \cdot \int_{C_{A2}}^{C_{A1}} \frac{dC_A}{C_A^* - C_A} \tag{4.8.10}$$

令 $H_L = \dfrac{V_{sL}}{K_L aS}$，且称 H_L 为液相传质单元高度(HTU)；

$N_L = \displaystyle\int_{C_{A2}}^{C_{A1}} \dfrac{dC_A}{C_A^* - C_A}$，且称 N_L 为液相传质单元数(NTU)。

因此，填料层高度为传质单元高度与传质单元数之乘积，即

$$h = H_L \cdot N_L \tag{4.8.11}$$

若气液平衡关系遵循亨利定律，即平衡曲线为直线，则式(4.8.10)为可用解析法解得填料层高度的计算式，即可采用下列平均推动力法计算填料层的高度或液相传质单元高度：

$$h = \dfrac{V_{sL}}{K_L aS} \cdot \dfrac{C_{A1} - C_{A2}}{\Delta C_{Am}} \tag{4.8.12}$$

$$N_L = \dfrac{h}{H_L} = \dfrac{h}{V_{sL}/(K_L aS)} \tag{4.8.13}$$

其中

$$\Delta C_{Am} = \dfrac{\Delta C_{A1} - \Delta C_{A2}}{\ln \dfrac{\Delta C_{A1}}{\Delta C_{A2}}} = \dfrac{(C_{A1}^* - C_{A1}) - (C_{A2}^* - C_{A2})}{\ln \dfrac{C_{A1}^* - C_{A1}}{C_{A2}^* - C_{A2}}} \tag{4.8.14}$$

$$C_{A1}^* = Hp_{A1} = Hy_1 p_0 ; \quad C_{A2}^* = Hp_{A2} = Hy_2 p_0$$

$$H = \dfrac{\rho_w}{M_w} \cdot \dfrac{1}{E} \tag{4.8.15}$$

式中　ΔC_{Am}——液相平均推动力，km/m^3；

　　　p_0——大气压，Pa；

　　　ρ_w——水的密度，kg/m^3；

　　　M_w——水的摩尔质量，kg/kmol；

　　　E——二氧化碳在水中的亨利系数，Pa。

因本实验采用的物系不仅遵循亨利定律，而且气膜阻力可以不计，在此情况下，整个传质过程阻力都集中于液膜，即属液膜控制过程，则液侧体积传质膜系数等于液相体积传质总系数，即

$$k_1 a = K_L a = \dfrac{V_{sL}}{hS} \cdot \dfrac{C_{A1} - C_{A2}}{\Delta C_{Am}} \tag{4.8.16}$$

三、实验装置

1. 实验装置仪表参数

填料吸收塔：主体有机玻璃，塔内径 50mm，上部出口段为 304 不锈钢 100mm；下部入口段为 304 不锈钢 250mm；有机玻璃段 1300mm，填料层有效高度 1200mm。

填料解吸塔：主体有机玻璃，塔内径 50mm，上部出口段为 304 不锈钢 100mm；下部入口段为 304 不锈钢 250mm；有机玻璃段 1300mm，填料层有效高度 1200mm。

气泵：HG-550-C 型旋涡气泵，功率 550W，电压 220V。

吸收水泵：SZ-037 型不锈钢离心泵，功率 370W，电压 220V。

解吸水泵：SZ-037 型不锈钢离心泵，功率 370W，电压 220V。

透明管道：细管内径 $\phi=16$mm，粗管内径 $\phi=32$mm，文丘里管长 $L=150$mm，喉径 $\phi=16$mm。

液位计：四氟管液位计。

2. 实验装置流程示意图

二氧化碳吸收与解吸实验装置流程图如图 4.8.3 所示。

四、实验步骤

(1) 打开风机旁路阀门 HV101，打开空气进吸收塔流量计旋钮阀门控制进气量在 1.5m³/h 左右。

(2) 打开吸收泵进口阀门，启动吸收液泵将水经水流量计计量后打入吸收塔中，然后打开二氧化碳钢瓶顶上的流量计旋钮阀门，向吸收塔内通入二氧化碳气体，流量大小由流量计读出，流量控制在 2L/min 左右。

(3) 吸收进行 15min 后，视解吸水箱液位达到一半以上时，打开解吸泵进口阀门，启动解吸泵，将吸收液经解吸流量计计量后打入解吸塔中，同时打开解吸空气流量计旋钮阀门调节空气流量（约 0.5m³/h）对解吸塔中的吸收液进行解吸。

(4) 操作达到稳定状态之后，测量塔底的水温，同时取样，测定两塔塔顶、塔底溶液中二氧化碳的含量。（实验时注意吸收塔水流量计和解吸塔水流量计数值要一致，并注意解吸水箱中的液位,两个流量计要及时调节,以保证实验时操作条件不变,吸收水箱一开始需要及时补水。)

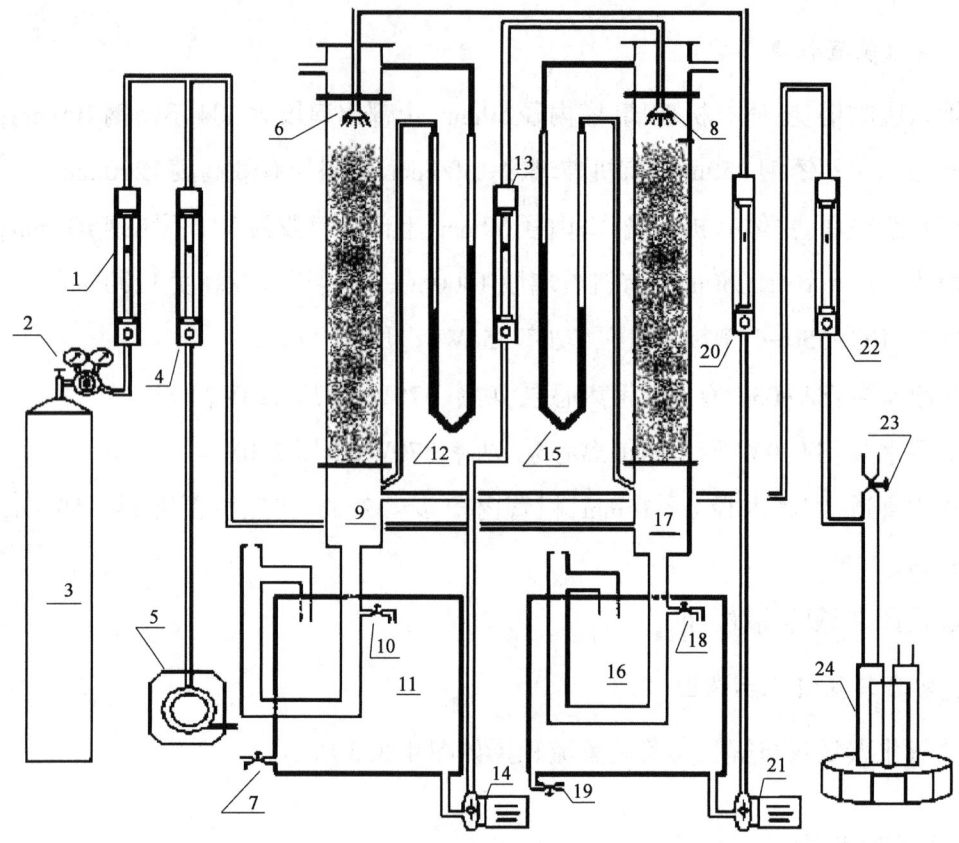

图 4.8.3 二氧化碳吸收与解吸实验装置流程图

1—二氧化碳流量计;2—二氧化碳瓶减压阀;3—二氧化碳钢瓶;4—吸收用空气流量计;5—吸收用气泵;
6、8—喷头;7、19—水箱放水阀;9—解吸塔;10—解吸塔塔底取样阀;11—解吸液储槽;12、15—U 形管
液柱压强计;13—吸收液流量计;14—解吸液液泵;16—吸收液储槽;17—吸收塔;
18—吸收塔塔底取样阀;20—解吸液流量计;21—吸收液液泵;
22—空气流量计;23—空气旁通阀;24—风机

(5)二氧化碳含量测定。用移液管吸取 0.1mol/L 的 Ba(OH)$_2$ 溶液 10mL,放入三角瓶中,并从塔底附设的取样口处接收塔底溶液 10mL,用胶塞塞好振荡。溶液中加入 2~3 滴酚酞指示剂摇匀,用 0.1mol/L 的盐酸滴定到粉红色消失即为终点。

按下式计算得出溶液中二氧化碳浓度(mol/L):

$$C_{CO_2} = \frac{2C_{Ba(OH)_2}V_{Ba(OH)_2} - C_{HCl}V_{HCl}}{2V_{溶液}}$$

五、实验数据处理

1. 数据处理

表 4.8.1　实验装置填料吸收塔传质实验技术数据表

被吸收的气体:二氧化碳　吸收剂:纯水　塔内径:50mm	
塔类型	填料吸收塔
填料种类	瓷拉西环
填料尺寸,mm	10×10
填料层高度,m	0.78
空气转子流量计读数,m³	0.5
二氧化碳转子流量计处温度,℃	10
流量计处二氧化碳的体积流量,L/min	1
水转子流量计读数,L/h	60.0
水流量,L/h	60.0
中和二氧化碳用 $Ba(OH)_2$ 的浓度,mol/L	0.1
中和二氧化碳用 $Ba(OH)_2$ 的体积,mL	10
滴定用盐酸的浓度,mol/L	0.1
滴定塔底吸收液用盐酸的体积,mL	18
滴定空白液用盐酸的体积,mL	19.5
样品的体积,mL	20
塔底液相的温度,℃	10
亨利常数 E, 10^8 Pa	1.05
塔底液相浓度 C_{A1}, kmol/m³	0.0025
空白液相浓度 C_{A2}, kmol/m³	0.000625
二氧化碳塔底气相物质的量之比 Y_{A1}	0.1485
二氧化碳塔顶气相物质的量之比 Y_{A2}	0.1431
二氧化碳塔底液相物质的量之比 X_{A1}	$4.5×10^{-5}$
二氧化碳塔底液相物质的量之比 X_{A2}	$1.13×10^{-5}$
二氧化碳塔底液相平衡物质的量之比 X_{A1}^*	$1.433×10^{-4}$
二氧化碳塔顶液相平衡物质的量之比 X_{A2}^*	$1.381×10^{-4}$
平均推动力 ΔX_{Am}, kmol CO_2/m²	$9.65×10^{-5}$
液相体积传质系数 $K_Y a$, kmol/s	0.1099

2. 实验报告要求

(1)计算不同流量状况下单位体积液体的二氧化碳吸收量,将实验数据及计算结果整理列表。

(2)讨论实验现象和结果。

(3)回答思考题。

六、思考题

(1)为什么二氧化碳吸收过程属于液膜控制?

(2)当气体温度和液体温度不同时应用什么温度计算亨利系数?

(3)试说明精馏和吸收的相同点及不同点。

七、注意事项

(1)开启二氧化碳总阀门前,要先关闭减压阀,阀门开度不宜过大。

(2)实验中要注意保持吸收塔水流量计和解吸塔水流量计数值一致,并随时关注水箱中的液位。

(3)分析二氧化碳浓度操作时动作要迅速,以免二氧化碳从液体中溢出导致结果不准确。

4.9 板式塔流体力学性能演示实验

一、实验目的

(1)观察板式塔各类型塔板的结构,比较各塔板上的气液接触状况。
(2)实验研究板式塔的极限操作状态,确定各塔板的漏液点和液泛点。

二、实验原理

板式塔是一种应用广泛的气液两相接触并进行传热、传质的塔设备,可用于吸收(解吸)、精馏和萃取等化工单元操作。与填料塔不同,板式塔属于分段接触式气液传质设备,塔板上气液接触的良好与否和塔板结构及气液两相相对流动情况有关,后者即是本实验研究的流体力学性能。

1. 塔板的组成

如图 4.9.1 所示,各种塔板板面大致可分为三个区域,即溢流区、鼓泡区和无效区。

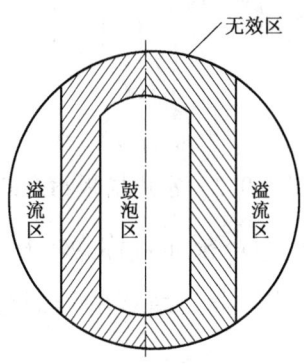

图 4.9.1 塔板板面

降液管所占的部分称为溢流区。降液管的作用除使液体下流外,还须使泡沫中的气体在降液管中得到分离,不至于使气泡带入下一塔板而影响传质效率。因此液体在降液管中应有足够的停留时间使气体得以解脱,一般要求停留时间大于 3~5s。一般溢流区所占总面积不超过塔板总面积的25%,对于液量很大的情况,可超过此值。

塔板开孔部分称为鼓泡区,即气液两相传质的场所,也是区别各种不同塔板的依据。

图4.9.1阴影部分所示则为无效区,因为在液体进口处液体容易自板上孔中漏下,故设一传质无效的不开孔区,称为进口安定区;而在出口处,由于进降液管的泡沫较多,也应设定不开孔区来破除一部分泡沫,又称破沫区。

2. 常用塔板类型

1) 泡罩塔

泡罩塔是最早应用于生产上的塔板之一,因其操作性能稳定,故一直到20世纪40年代还在板式塔中占绝对优势,后来逐渐被其他塔板代替,但至今仍占有一定地位。泡罩塔特别适用于容易堵塞的物系。

泡罩塔见图4.9.2(a)。塔板上装有许多升气管,每根升气管上覆盖着一只泡罩(多为圆形,也可以是条形或是其他形状)。泡罩下边缘或开齿缝或不开齿缝,操作时气体从升气管上升再经泡罩塔与升气管的环隙,然后从泡罩下边缘或经齿缝排出进入液层。

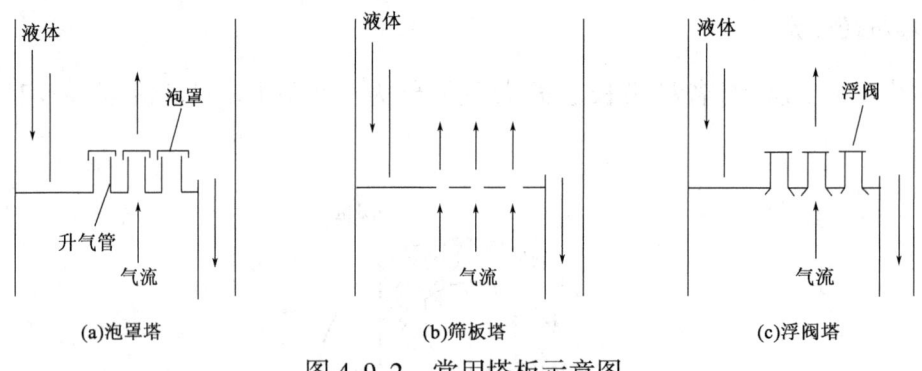

图4.9.2　常用塔板示意图

泡罩塔操作稳定,传质效率(对塔板而言称为塔板效率)也较高。但有不少缺点:结构复杂、造价高、塔板阻力大;液体通过塔板的液面落差较大,因而易使气流分布不均造成气液接触不良。

2) 筛板塔

筛板塔也是最早出现的塔板之一。从图4.9.2(b)可知,筛板就是在板上打很多筛孔,操作时气体直接穿过筛孔进入液层。这种塔板早期一直被认为很难操作,只要气流发生波动,液体就不从降液管下来,而是从筛孔中大量漏下,于是操作也就被破坏。直到1949年以后才又对筛板进行试验,掌握了规律,发现能稳定操作。目前它在国内外已大量应用,特别在美国其比例大于下面介绍的浮阀塔。

筛板塔的优点是构造简单、造价低,此外也能稳定操作,板效率也较高;缺点是小孔易堵(近年来发展了大孔径筛板,以适应大塔径、易堵塞物料的需要),操作弹性和板效率比下面介绍的浮阀塔略差。

3) 浮阀塔

浮阀塔见图4.9.2(c),是在20世纪四五十年代才发展起来的,现在使用很广。在国内浮阀塔的应用占有重要地位,普遍获得好评。其特点是当气流在较大范围内波动时均能稳定地操作,弹性大,效率好,适应性强。

浮阀塔结构特点是将浮阀装在塔板上的孔中,能自由地上下浮动,随气速的不同,浮阀打开的程度也不同。

3. 板式塔的操作

塔板的操作上限与操作下限之比称为操作弹性(即最大气量与最小气量之比或最大液量与最小液量之比)。操作弹性是塔板的一个重要特性。操作弹性大,则该塔稳定操作范围大,这是我们所希望的。

为了使塔板在稳定范围内操作,必须了解板式塔的几个极限操作状态。在本演示实验中,主要观察研究各塔板的漏液点和液泛点,也即塔板的操作上限和下限。

(1) 漏液点。可以设想,在一定液量下,当气速不够大时,塔板上的液体会有一部分从筛孔漏下,这样就会降低塔板的传质效率。因此一般要求塔板应在不漏液的情况下操作。所谓漏液点,是指刚使液体不从塔板上泄漏时的气速,此气体也称为最小气速。

(2) 液泛点。当气速大到一定程度,液体就不再从降液管下流,而是从下塔板上升,这就是板式塔的液泛。液泛速度也就是达到液泛时的气速。

现以筛板塔为例来说明板式塔的操作原理。如图4.9.3所示,上一层塔板上的液体由降液管流至塔板上,并经过板上由另一降液管流至下一层塔板上。而下一层板上升的气体(或蒸汽)经塔板上的筛孔,以鼓泡的形式穿过塔板上的液体层,并在此进行气液接触传质。离开液层的气体继续升至上一层塔板,再次进行气液接触传质,由此经过若干层塔板。在塔板结构和液量已定的情况下,鼓泡层高度随气速而变。通常在塔板以上形成三种不同状态的区间,靠近塔板的液层底部属鼓泡区,如图

4.9.3中1;在液层表面属泡沫区,如图4.9.3中2;在液层上方空间属雾沫区,如图4.9.3中3。

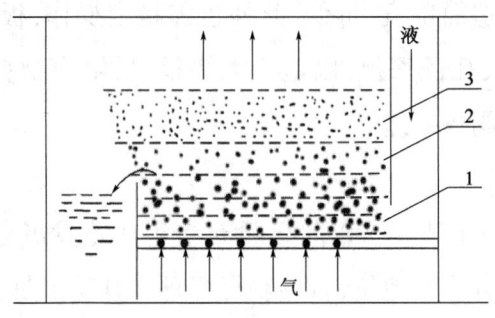

图4.9.3　筛板塔操作简图

这三种状态都能起气液接触传质作用,其中泡沫状态的传质效果尤为良好。当气速不很大时,塔板上以鼓泡区为主,传质效果不够理想。随着气速增大到一定值,泡沫区增加,传质效果显著改善,相应地雾沫夹带虽有增加,但还不至于影响传质效果。如果气速超过一定范围,则雾沫区显著增大,雾沫夹带过量,严重影响传质效果。为此,在板式塔中必须在适宜的液体流量和气速下操作,才能达到良好的传质效果。

三、实验装置

板式塔流体力学性能演示实验装置示意图如图4.9.4所示。

四、实验步骤

采用固定的水流量(不同塔板结构流量有所不同),通过改变不同的气速,演示各种气速时的运行情况。实验开始前,先检查水泵和风机电源,并保持所有阀门全关状态。以下以有降液管的筛孔板(即自下而上第二块塔板)为例,介绍该塔板流体力学性能演示操作。水泵进口连接水槽,塔底排液阀循环接入水槽,打开水泵出口调节阀,开启水泵电源。观察液流从塔顶流出的速度,通过水转子流量计调节液流量,在转子流量计显示适中的位置,并保持稳定流动。

打开风机出口阀,打开有降液管的筛孔板下对应的气流进口阀,开启风机电源。通过空气转子流量计自小而大调节气流量,观察塔板上气液接触的几个不同阶段,即由漏液至鼓泡、泡沫和雾沫夹带到最后淹塔。

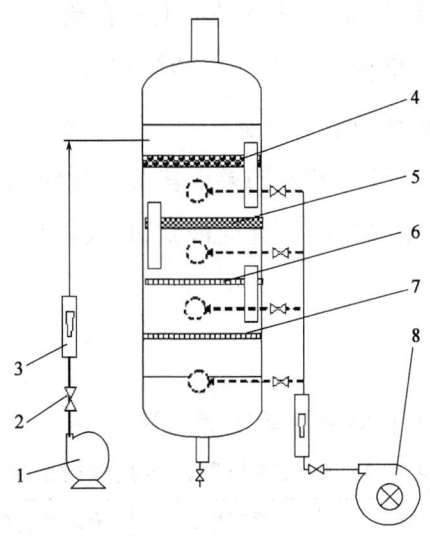

图 4.9.4 板式塔流体力学性能演示实验装置示意图

1—增压水泵;2—调节阀;3—转子流量计;4—有降液管的筛孔板;5—浮阀塔;
6—泡罩塔板;7—无降液管筛孔板;8—风机

1. 全开气阀

这种情况气速达到最大值,此时可看到泡沫层很高,并有大量液滴从泡沫层上方往上冲,这就是雾沫夹带现象。这种现象表示实际气速大大超过设计气速。

2. 逐渐关小气阀

这时飞溅的液滴明显减少,泡沫层高度适中,气泡很均匀,表示实际气速符合设计值,这是各类型塔正常运行状态。

3. 进一步关小气阀

当气速大大小于设计气速时,泡沫层明显减少,因为鼓泡少,气液两相接触面积大大减少,显然,这是各类型塔不正常运行状态。

4. 再慢慢关小气阀

可以看见塔板上既不鼓泡、液体也不下漏的现象。若再关小气阀,则可看见液体从塔板上漏出,这就是塔板的漏液点。

观察实验的两个临界气速,即作为操作下限的"漏液点"——刚使液体不从塔板上泄漏时的气速,和作为操作上限的"液泛点"——使液体不再从降液管(对于无降液管的筛孔板,是指不降液)下流,而是从下塔板上升直至淹塔时的气速。

对于其余另两种类型的塔板也是作如上的操作,最后记录各塔板的气液两相流动参数,计算塔板弹性,并作出比较。

也可作全塔液泛实验,从有降液管的第二块筛塔板作起,可观察全塔液泛的状况。实验过程中,注意塔身与下水箱的接口处应液封,以免漏出风量。

五、实验数据处理

将实验结果填入表 4.9.1,观察实验临界气速。

表 4.9.1 塔板临界气速实验数据结果表

塔板临界气速,m^3/h	泡罩塔板	浮阀塔板	有降液管的筛孔板	无降液管的筛孔板
液泛点气速				
漏液点气速				
操作弹性				

注:操作弹性=$V_{操作上限}/V_{操作下限}$

(1)确定操作下线的"漏液点"(漏液)和操作上限的"液泛点"(淹塔)。

(2)分别比较泡罩塔板、浮阀塔板、有降液管的筛孔板和无降液管的筛孔板的区别。

六、思考题

(1)板式塔的液泛和哪些因素有关?

(2)板式塔的气液两相的流动特点是什么?

(3)泡罩塔板、浮阀塔板、有降液管的筛孔板和无降液管的筛孔板的雾沫夹带现象有什么区别?它们的气液接触状况如何?

七、注意事项

(1)玻璃仪器要轻拿轻放。

(2)注意水电安全。

4.10 填料塔流体力学性能测定实验

一、实验目的

（1）了解填料塔的结构、性能和特点；练习并掌握填料塔操作方法；通过实验测定数据的处理分析，加深对填料塔流体力学性能和传质性能理论的理解。
（2）观察填料塔内气液两相流动情况。
（3）测定在不同喷淋密度下，$\Delta p/Z$ 与 u 的关系曲线。

二、实验原理

压降是塔设计中的重要参数，气体通过填料层压降的大小决定了塔的动力消耗。压降与气、液流量均有关，不同液体喷淋量下填料层单位高度的压降 $\Delta p/Z$ 与气速 u 的关系如图 4.10.1 所示。

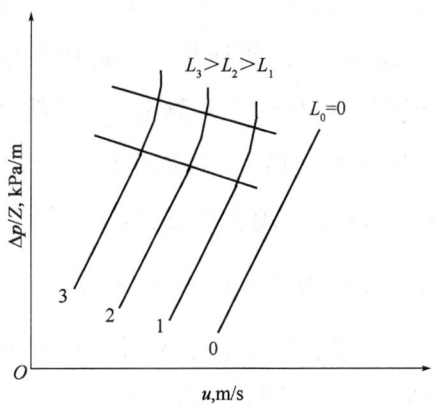

图 4.10.1　填料层的 $\Delta p/Z$—u 关系

当液体喷淋量 $L_0=0$ 时，干填料的 $\Delta p/Z$—u 的关系是直线，如图中的直线 0。当有一定的喷淋量时，$\Delta p/Z$—u 的关系变成折线，并存在两个转折点，下转折点称为"载点"，上转折点称为"泛点"。这两个转折点将 $\Delta p/Z$—u 关系分为三个区段：恒持液量区、载液区及液泛区。

三、实验装置

本实验装置流程示意图如图 4.10.2 所示。实验装置仪表参数如下：

填料塔：主体有机玻璃，塔内径 50mm，上部出口段，304 不锈钢 100mm；下部入口段，304 不锈钢 250mm；有机玻璃段 1300mm，填料层有效高度 750mm。

气泵：HG-550-C 型旋涡气泵，功率 550W，电压 220V。

水泵：SZ-037 型不锈钢离心泵，功率 370W，电压 220V。

透明管道：细管内径 $\phi=16mm$，粗管内径 $\phi=32mm$，文丘里管长 $L=150mm$，喉径 $\phi=16mm$。

液位计：四氟管液位计。

四、实验步骤

1. 测量填料塔干填料层 $\Delta p/Z$—u 关系曲线

(1)打开空气旁路调节阀 HV101 至全开，启动风机。

(2)打开空气流量计旋钮阀门，逐渐关小阀门 HV101 的开度，调节进塔的空气流量。稳定后读取填料层压降 Δp 即 U 形管液柱压差计的数值。

(3)改变空气流量，空气流量从小到大共测定 6~10 组数据。

(4)在对实验数据进行分析处理后，在对数坐标纸上以空塔气速 u 为横坐标，单位高度的压降 $\Delta p/Z$ 为纵坐标，标绘干填料层 $\Delta p/Z$—u 关系曲线。

2. 测量填料塔在喷淋量下填料层 $\Delta p/Z$—u 关系曲线

(1)将水流量固定在某一流量(水流量大小可因设备调整)，采用上面相同步骤调节空气流量，稳定后分别读取并记录填料层压降 Δp、转子流量计读数和流量计处所显示的空气温度。

(2)操作中随时注意观察塔内现象，一旦出现液泛，立即记下对应空气转子流量计读数。

(3)根据实验数据在对数坐标纸上标出液体喷淋量为该流量时的 $\Delta p/Z$—u 关系曲线，并在图上确定液泛气速，与观察到的液泛气速相比较是否吻合。

第4章 化工原理基本实验

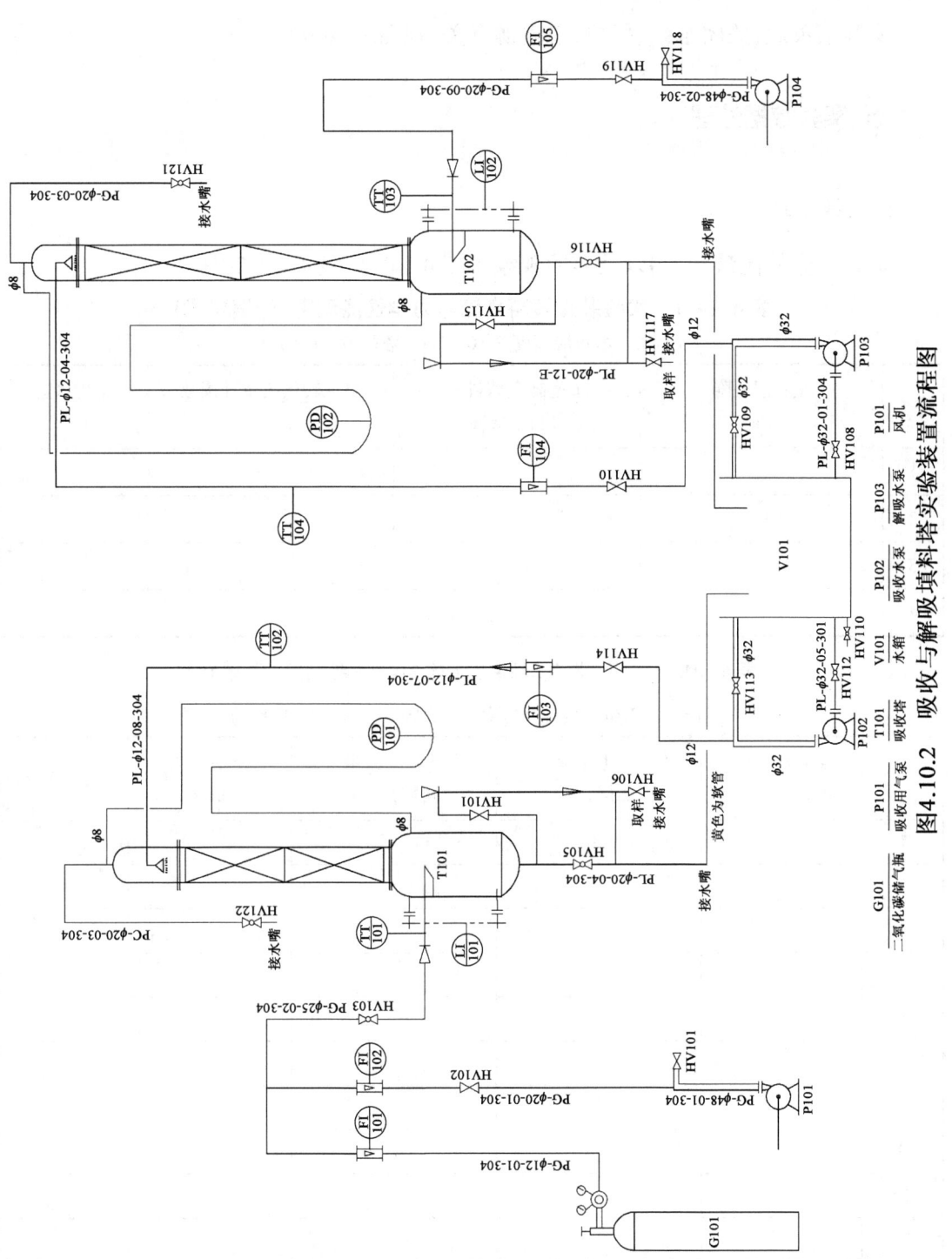

图4.10.2 吸收与解吸填料塔实验装置流程图

实验结束后,关闭水泵、风机、总电源开关,设备一切复原。

五、实验数据处理

1. 数据记录

记录相应的流量、压差以及实验现象于表4.10.1、表4.10.2中。

表4.10.1 实验装置填料塔流体力学性能测定(干填料层)

($L=0$ 填料层高度 $Z=0.75m$ 塔径 $D=0.05m$)

序号	填料层压降 Pa	单位高度填料层压降,Pa/m	空气转子流量计读数 m^3/h	空塔气速 m/s
1				
2				
3				
4				

表4.10.2 实验装置填料塔流体力学性能测定(湿填料)

($L=\_\_\_$ L/h 填料层高度 $Z=0.75m$ 塔径 $D=0.05m$)

序号	填料层压降 Pa	单位高度填料层压降,Pa	空气转子流量计读数,m^3/h	空塔气速 m/s	实验现象
1					
2					
3					
4					
5					
7					
8					
9					
10					
11					
12					
13					
14					

2. 数据处理

(1) 将所测的 $\Delta p/Z$—u 关系标绘在双对数坐标纸上(图 4.10.3)。

(2) 标出载点和泛点,讨论与观察到的载点和液泛气速相比较是否吻合。

(3) 讨论 $\Delta p/Z$—u 曲线。

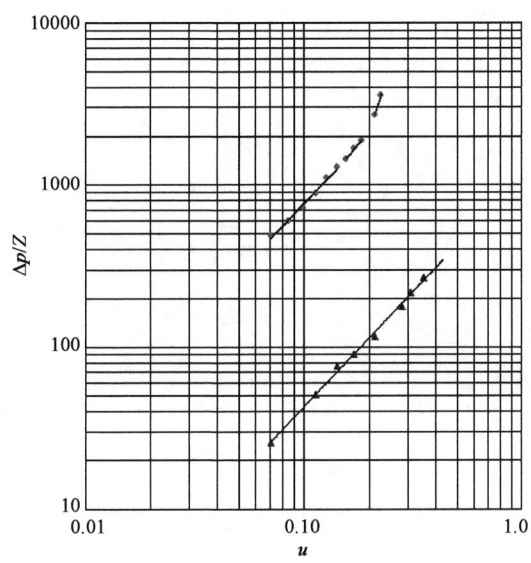

图 4.10.3　实验装置 $\Delta p/Z$—u 关系曲线图

3. 实验报告内容

(1) 测定空气通过干填料时的压降与操作气速的关系。

(2) 测定一定液体喷淋量下填料层压降与操作气速的关系,确定在一定液体喷淋量下的液泛气速。

(3) 熟悉操作,观察气液在填料层内流动状况。

六、思考题

(1) 描述在不同喷淋量下的塔内气液两相接触情况,描述液泛时现象。

(2) 指出不同喷淋量下的适宜操作区域。

(3) 分析影响气液传质的影响因素。

七、注意事项

(1) 风机启动前,旁路调节阀应处于全开状态。

(2)空气流量调节要慢,泛点气速后,空气流量的调节一定要小而稳。特别是水流量较大时,以免发生严重液泛现象。

(3)测量时要保证有一定的液封高度。

(4)读取数据时一定要稳定后才能读取。

(5)实验过程中,注意地面是否有水溢出,如有应及时处理,避免滑倒摔伤。

4.11 液液萃取实验

一、实验目的

(1) 了解转盘萃取塔的结构和特点。
(2) 掌握液液萃取塔的操作。
(3) 掌握传质单元高度的测定方法,并分析外加能量对液液萃取塔传质单元高度和通量的影响。

二、实验原理

萃取是利用原料液中各组分在两个液相中的溶解度不同而使原料液混合物得以分离的单元操作。将一定量萃取剂加入原料液中,然后加以搅拌使原料液与萃取剂充分混合,溶质通过相界面由原料液向萃取剂中扩散,所以萃取操作与精馏、吸收等过程一样,也属于两相间的传质过程。

与精馏、吸收过程类似,由于过程的复杂性,萃取过程也被分解为理论级和级效率;或传质单元数和传质单元高度,对于转盘塔、振动塔这类微分接触的萃取塔,一般采用传质单元数和传质单元高度来处理。传质单元数表示过程分离难易的程度。

对于稀溶液,传质单元数可近似用下式表示:

$$N_{OR} = \int_{x_2}^{x_1} \frac{dx}{x - x^*} \tag{4.11.1}$$

式中 N_{OR} ——萃余相为基准的总传质单元数;
x ——萃余相中的溶质的浓度,以质量分数表示;
x^* ——与相应萃取浓度成平衡的萃余相中溶质的浓度,以质量分数表示;
x_1, x_2 ——两相进塔和出塔的萃余相浓度。

传质单元高度表示设备传质性能的好坏,可由下式表示:

$$H_{OR} = \frac{H}{N_{OR}} \tag{4.11.2}$$

$$K_x a = \frac{L}{H_{OR}\Omega} \tag{4.11.3}$$

式中 H_{OR}——以萃余相为基准的传质单元高度,m;

H——萃取塔的有效接触高度,m;

$K_x a$——萃余相为基准的总传质系数,kg/(m³·h·Δx);

L——萃余相的质量流量,kg/h;

Ω——塔的截面积,m²。

已知塔高度 H 和传质单元数 N_{OR},可由上式取得 H_{OR} 的数值。H_{OR} 反映萃取设备传质性能的好坏,H_{OR} 越大,设备效率越低。影响萃取设备传质性能 H_{OR} 的因素很多,主要有设备结构因素、两相物质性因素、操作因素以及外加能量的形式和大小。

三、实验步骤

(1)实验前,装置中所有阀门初始状态为关闭,打开漏斗调节阀 HV101、重相罐放空阀 HV102、漏斗调节阀 HV113、轻相罐放空阀 HV115,在重相液储罐中注入 2/3 的水,在轻相液储罐中放入配好浓度的煤油溶液。

(2)打开总电源开关和装置面板电源开关。

(3)先打开重相泵进口阀 HV105、回流阀门 HV103,让泵先打回流,然后在开关面板上开启重相液泵旋钮开关,再打开转盘塔进口阀 HV107,然后关小回流阀门,通过玻璃转子流量计旋钮阀门开度控制水量送入转盘萃取塔内,当塔内液面快达到重相液进口位置时调小进水量。

(4)在开关面板上开启转盘塔搅拌电动机按钮,调节转速至 200r/min 即可。

(5)打开轻相泵进口阀 HV118、回流阀门 HV116,让泵先打回流,然后在开关面板上开启轻相液泵旋钮开关,再打开转盘塔进口阀 HV120,然后关小回流阀门,然后通过玻璃转子流量计旋钮阀门开度控制轻相液进入塔量。这样轻相液在塔内向上,在向上的过程中与重相液不断进行传质,从顶部溢流至分相罐中,分相罐中主要是煤油和很少量的苯甲酸以及水,煤油从分相罐内的溢流管流出进入萃余相储罐中。

(6)操作稳定半小时后,用锥形瓶收集油相进出口样品各 40mL 左右、水相出口样品 50mL 左右分析浓度。用移液管分别取煤油溶液 10mL、水溶液 25mL,以酚酞为指示剂,用 0.01mol/L 的 NaOH 标准溶液滴定样品中苯甲酸的含量。滴定时,需加入数滴非离子表面活性剂的稀溶液并激烈摇动至滴定终点。

(7)取样后,改变水流量,等半个小时后用上面的方法取样并滴定;再改变转盘转速,半小时后取样并滴定。对实验结果进行对比。

(8)实验结束后,先停轻相液泵,关闭玻璃转子流量计旋钮阀门和阀门 HV116,然后停重相液泵,关阀门 HV107、玻璃转子流量计旋钮阀门和泵进口阀 HV105。将搅拌电动机转速调至最小,关闭搅拌电动机按钮。将塔内液体排尽,关闭控制面板电源开关和总电源开关,整理滴定台,离开实验室。

四、实验装置

萃取实验装置流程示意图如图 4.11.1 所示。本实验以水为萃取剂,从煤油中萃取苯甲酸。煤油相为分散相,从塔底进,向上流动从塔顶出。水为连续相,从塔顶入,向下流动至塔底经液位调节出装置。水相和油相中的苯甲酸的浓度由滴定的方法确定。由于水与煤油是完全不互溶的,而且苯甲酸在两相中的浓度都非常低,可以近似认为萃取过程中两相的体积流量保持恒定。

五、实验数据处理

1. 基本数据记录及处理

使用 0.0482g $Ba(OH)_2$ 滴定溶液。

萃取相中消耗的量:0.5mL。

萃余相中消耗的量:2.1mL。

轻相中消耗的量:3.0mL。

塔有效高度:0.7m。

煤油实际流量:$1.22\times 4=4.88$L/h

(1)萃余相中苯甲酸含量(g/g 煤油):

$$x_1 = \frac{122 V_1' c_{NaOH}}{700 V_1} = 0.0014$$

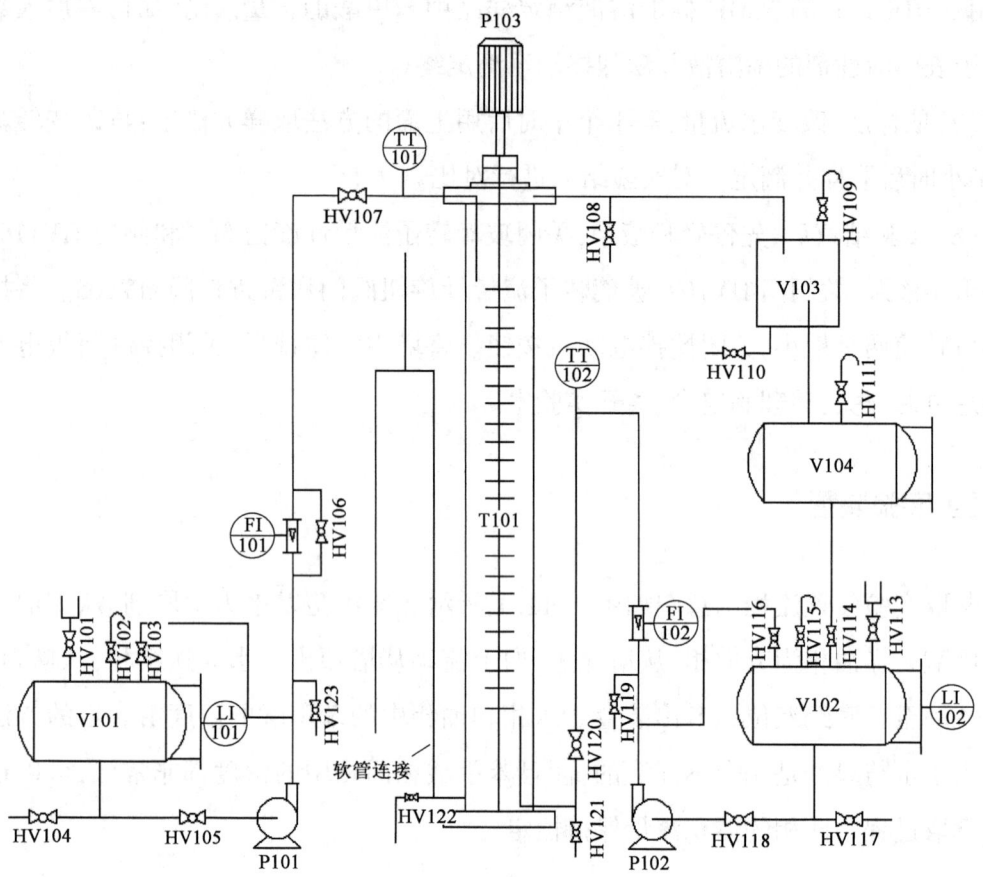

图 4.11.1 萃取实验装置流程示意图

(2)萃余相中苯甲酸含量(g/g 煤油):

$$x_2 = \frac{122 V_2' c_{\text{NaOH}}}{1000 V_2} = 0.00033$$

(3)轻相中苯甲酸含量(g/g 煤油):

$$x_3 = \frac{122 V_3' c_{\text{NaOH}}}{700 V_3} = 0.002$$

(4)传质单元数 N_{OR}:

$$N_{\text{OR}} = \ln\left(\frac{x_3 - x_2/0.6392}{x_1 - x_2/0.6392}\right) = \ln(0.00261/0.00167) = 0.446526$$

(5)传质单元高度(m):

$$H_{\text{OR}} = H/N_{\text{OR}} = 0.7/0.446526 = 1.568$$

(6)总传质系数[kg/(m³·h·Δx)]:

$$K_x a = \frac{0.7 V_B}{H_{OR} \frac{\pi}{4} d^2} = \frac{0.7 \times 4.88 \times 4}{1.68 \times 3.14 \times 0.06 \times 0.06} = 719.5$$

2. 实验报告要求

(1)测定空气通过干填料时的压降与操作气速的关系。

(2)测定一定液体喷淋量下填料层压降与操作气速的关系,确定在一定液体喷淋量下的液泛气速。

(3)熟悉操作,观察气液在填料层内流动状况。

3. 实验结论及误差分析

(1)实验结论:求得各情况下的传质单元高度,通过对比分析可知,当煤油流量、转盘转速一定时,水滴流量越大,传质单元高度越小(即传质效果越好);当煤油流量、水滴流量一定时,转盘转速越大,传质单元高度越小(即传质效果越好),说明外加能量对液液萃取的效果是有影响的,增大两液相的接触面积有利于提高传质效果,如增大转盘转速。

(2)实验误差分析:在整个实验过程中,容易造成实验误差的地方主要是滴定操作过程中,人在判断液体颜色变化时主观性太强。在实验中,计量水滴流量和煤油流量时也有一定的误差。

六、思考题

(1)请分析比较萃取实验装置与吸收、精馏实验装置的异同点。

(2)液液萃取实验的原理是什么?实验中塔高的计算方法是什么?

(3)本萃取实验装置的转盘转速(或脉冲幅度)是如何调节和测量的?从实验结果分析转盘转速变化对萃取传质系数与萃取率的影响。

七、注意事项

(1)必须搞清楚装置上每个设备、部件、阀门、开关的作用和使用方法,然后再进行实验操作。

(2)在整个实验过程中,塔顶两相界面一定要控制在适中的位置并保持不变。

(3)由于分散相和连续相在塔顶、塔底的滞留很大,改变操作条件后,稳定时间一定要够长,大约需要半小时,否则误差极大。

(4)煤油的实际体积流量并不等于流量计的读数。需用煤油的实际流量数值时,必须用流量修正公式对流量计的读数进行修正后方可使用。

(5)煤油的流量不要太大或太小,太小会使煤油出口处的苯甲酸浓度过低,从而导致分板误差较大,太大会使煤油的消耗量增加。

4.12 干燥速率曲线测定实验

一、实验目的

(1)了解洞道式干燥装置的基本结构、工艺流程和操作方法。
(2)学习测定物料在恒定干燥条件下干燥特性的实验方法。
(3)掌握根据实验干燥曲线求取干燥速率曲线以及恒速阶段干燥速率、临界含水量、平衡含水量的实验分析方法。
(4)掌握实验研究干燥条件对于干燥过程特性的影响。

二、实验原理

在设计干燥器的尺寸或确定干燥器的生产能力时,被干燥物料在给定干燥条件下的干燥速率、临界湿含量和平衡湿含量等干燥特性数据是最基本的技术依据参数。由于实际生产中被干燥物料的性质千变万化,因此对于大多数具体的被干燥物料而言,其干燥特性数据常常需要通过实验测定。

按干燥过程中空气状态参数是否变化,可将干燥过程分为恒定干燥条件操作和非恒定干燥条件操作两大类。若用大量空气干燥少量物料,则可以认为湿空气在干燥过程中温度、湿度均不变,再加上气流速度、与物料的接触方式不变,则称这种操作为恒定干燥条件下的干燥操作。

1. 干燥速率的定义

干燥速率的定义为单位干燥面积(提供湿分汽化的面积)、单位时间内所除去的湿分质量,即

$$U = \frac{dW}{Ad\tau} = -\frac{G_c dX}{Ad\tau} \tag{4.12.1}$$

式中　U——干燥速率,又称干燥通量,kg/(m²·s);
　　　A——干燥表面积,m²;

W ——汽化的湿分量,kg;

τ ——干燥时间,s;

G_c ——绝干物料的质量,kg;

X ——物料湿含量,kg/kg;

负号表示 X 随干燥时间的增加而减少。

2. 干燥速率的测定方法

将湿物料试样置于恒定空气流中进行干燥实验,随着干燥时间的延长,水分不断汽化,湿物料质量减少。若记录物料不同时间下质量 G,直到物料质量不变为止,也就是物料在该条件下达到干燥极限为止,此时留在物料中的水分就是平衡水分 X^*。再将物料烘干后称重得到绝干物料重 G_c,则物料中瞬间含水率 X 为

$$X = \frac{G - G_c}{G_c} \tag{4.12.2}$$

计算出每一时刻的瞬间含水率 X,然后将 X 对干燥时间 τ 作图,如图 4.12.1 所示,即为干燥曲线。

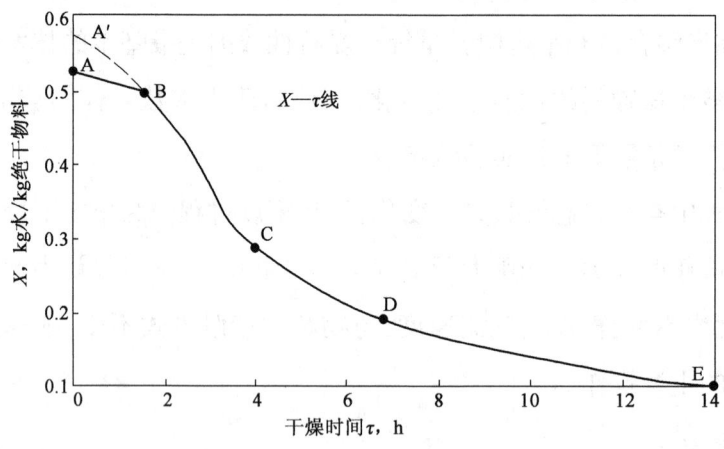

图 4.12.1 恒定干燥条件下的干燥曲线

上述干燥曲线还可以变换得到干燥速率曲线。由已测得的干燥曲线求出不同 X 下的斜率 $\dfrac{dX}{d\tau}$,再由式(4.12.1)计算得到干燥速率 U,将 U 对 X 作图,就是干燥速率曲线,如图 4.12.2 所示。

3. 干燥过程分析

(1) 预热段,如图 4.12.1、图 4.12.2 中的 AB 段或 A'B 段。物料在预热段中,含水

率略有下降,温度则升至湿球温度 t_w,干燥速率可能呈上升趋势变化,也可能呈下降趋势变化。预热段经历的时间很短,通常在干燥计算中忽略不计,有些干燥过程甚至没有预热段。本实验中也没有预热段。

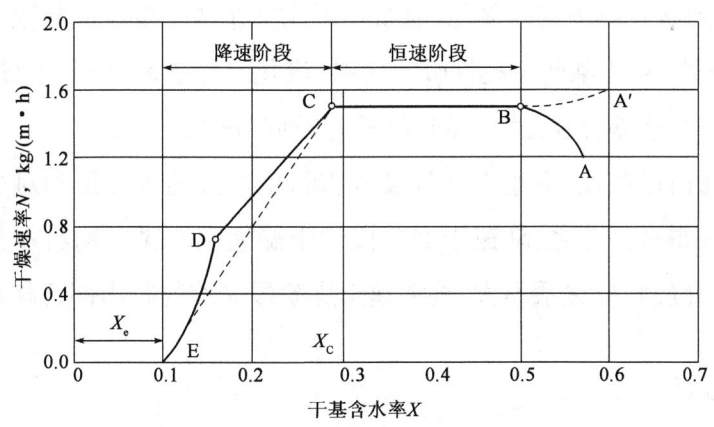

图 4.12.2　恒定干燥条件下的干燥速率曲线

(2)恒速干燥阶段,见图 4.12.1、图 4.12.2 中的 BC 段。该段物料水分不断汽化,含水率不断下降。但由于这一阶段去除的是物料表面附着的非结合水分,水分去除的机理与纯水的相同,故在恒定干燥条件下,物料表面始终保持为湿球温度 t_w,传质推动力保持不变,因而干燥速率也不变。于是在图 4.12.2 中,BC 段为水平线。

只要物料表面保持足够湿润,物料的干燥过程中总有恒速阶段。而该段的干燥速率大小取决于物料表面水分的汽化速率,亦即决定于物料外部的空气干燥条件,故该阶段又称为表面汽化控制阶段。

(3)降速干燥阶段。随着干燥过程的进行,物料内部水分移动到表面的速率赶不上表面水分的汽化速率,物料表面局部出现"干区",尽管这时物料其余表面的平衡蒸气压仍与纯水的饱和蒸气压相同,传质推动力也仍为湿度差,但以物料全部外表面计算的干燥速率因"干区"的出现而降低,此时物料中的含水率称为临界含水率,用 X_C 表示,对应图 4.12.2 中的 C 点,称为临界点。过 C 点以后,干燥速率逐渐降低至 D 点,C 至 D 阶段称为降速第一阶段。

干燥到点 D 时,物料全部表面都成为干区,汽化面逐渐向物料内部移动,汽化所需的热量必须通过已被干燥的固体层才能传递到汽化面;从物料中汽化的水分也必须通过这层干燥层才能传递到空气主流中。干燥速率因热、质传递的途径加长而下降。此外,在点 D 以后,物料中的非结合水分已被除尽。接下去所汽化的是各种形式的结合水,因而,平衡蒸气压将逐渐下降,传质推动力减小,干燥速率也随之较快降低,直至到达点 E 时,速率降为零。这一阶段称为降速第二阶段。

降速干燥阶段干燥速率曲线的形状随物料内部的结构而异,不一定都呈现前面所述的曲线 CDE 形状。对于某些多孔性物料,可能降速两个阶段的界限不是很明显,曲线好像只有 CD 段;对于某些无孔性吸水物料,汽化只在表面进行,干燥速率取决于固体内部水分的扩散速率,故降速干燥阶段只有类似 DE 段的曲线。

与恒速干燥阶段相比,降速干燥阶段从物料中除去的水分量相对少许多,但所需的干燥时间却长得多。总之,降速干燥阶段的干燥速率取决于物料本身结构、形状和尺寸,而与干燥介质状况关系不大,故降速干燥阶段又称物料内部迁移控制阶段。

三、实验步骤

(1) 实验前应记录绝干物料的重量。

(2) 开启总电源,开启风机电源。

(3) 打开仪表电源开关,加热器通电加热,旋转加热按钮至适当加热电压(根据实验室温和实验讲解时间长短)。在 U 形湿漏斗中加入一定水量,并用润湿的棉花包住湿球温度计,干燥室温度(干球温度)要求达到恒定温度(例如 70℃)。

(4) 将毛毡加入一定量的水并使其润湿均匀,注意水量不能过多或过少。

(5) 当干燥室温度恒定在 70℃ 时,将湿毛毡十分小心地放置于称重传感器上。放置毛毡时应特别注意不能用力下压,因称重传感器的测量上限仅为 500g,用力过大容易损坏称重传感器。

(6) 记录时间、毛毡质量以及干球温度和湿球温度,每 1min 或者每 2min 记录一次数据。

(7) 待毛毡恒重时,即为实验终了时,关闭加热电源,小心地取下毛毡,注意保护称重传感器。

(8) 待干球温度降至室温,关闭风机,切断总电源,清理实验设备。

四、实验装置

本装置流程如图 4.12.3 所示。空气由离心风机送入电加热器,经加热后流入干燥室,加热干燥室中的湿物料后,经排出管道通入大气中。随着干燥过程的进行,物料失去的水分量由称重传感器转化为电信号,并显示在智能数显仪表上,固定间隔时间读取湿物料质量。

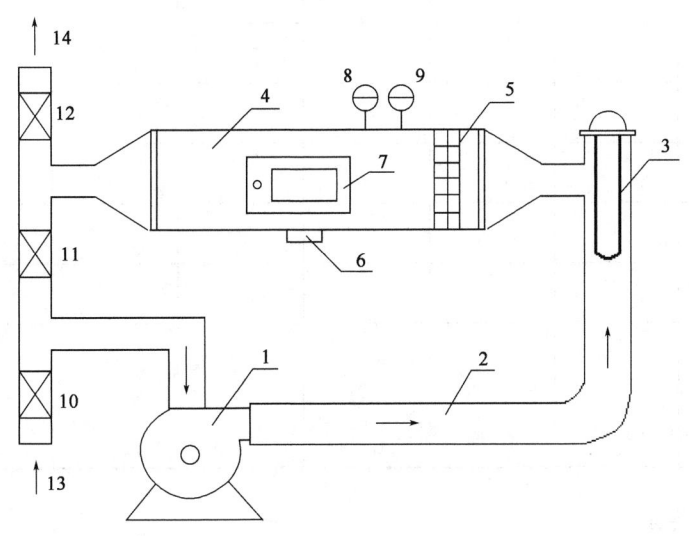

图 4.12.3　干燥装置流程图

1—离心风机;2—管道;3—加热器;4—厢式干燥器;5—气流均布器;6—称重传感器;7—玻璃视镜门;8—湿球温度计;9—干球温度计;10、11、12—蝶阀;13—进风口;14—出风口

五、实验数据处理

1. 已知数据

绝干物料质量:G_c = ____ g;　物料尺寸:长____ m,宽____ m;

干燥面积 A = ____ m^2;　支架重量:____ g。

2. 待测数据

表 4.12.1　干燥速率曲线测定实验数据记录表

序号	时间 min	物料质量 g	空气流量 kPa	进口温度 ℃	湿球温度 ℃	干球温度 ℃	瞬间含水率 X	干燥速率 U
1								
2								

续表

序号	时间 min	物料质量 g	空气流量 kPa	进口温度 ℃	湿球温度 ℃	干球温度 ℃	瞬间含水率 X	干燥速率 U
3								
4								
5								
6								
7								
8								
…								

3. 实验报告要求

(1) 绘制干燥曲线(瞬间含水率—时间关系曲线);

(2) 根据干燥曲线作干燥速率曲线;

(3) 读取物料的临界湿含量;

(4) 对实验结果进行分析讨论;

六、思考题

(1) 什么是恒定干燥条件?本实验装置中采用了哪些措施来保持干燥过程在恒定干燥条件下进行?

(2) 控制恒速干燥阶段速率的因素是什么?控制降速干燥阶段干燥速率的因素又是什么?

(3) 为什么要先启动风机,再启动加热器?实验过程中干、湿球温度计是否变化?为什么?如何判断实验已经结束?

(4) 若加大热空气流量,干燥速率曲线有何变化?恒速干燥速率、临界湿含量又如何变化?为什么?

七、注意事项

（1）必须先开风机，后开加热器，否则加热管可能会被烧坏。

（2）特别注意传感器的负荷量仅为500g，放取毛毡时必须十分小心，绝对不能下压，以免损坏称重传感器。

（3）实验过程中，不要拍打、碰扣装置面板，以免引起传感器晃动，影响结果。

4.13 化工管路拆卸综合实验

一、实验目的

了解流程图的识读,能根据提供的流体输送流程图,准确填写安装管线所需管道、管件、阀门、仪表的规格型号及数量等的材料清单,能进行管线的组装,能进行管道的试压,能进行管线的拆除。

二、化工装置基础知识

1. 化工装置基本组成

典型的化工装置由化工单元设备、连接管道和自动控制单元组成。按照功能不同,可将单元设备分为化学反应、混合物分离、能量交换、物料储存和流体输送等基本类型。单元设备通过管道连接,通过阀门完成启闭或流量调节。自动控制单元可替代操作人员对流量、温度、压力、物位等变量进行指示、控制、记录、报警等操作。

2. 化工装置安装基本程序

新建装置的安装通常按以下顺序进行:设备就位、调校,利用设备上的鞍座、耳座、支座等部件,通过焊接(不可拆卸)和螺栓(可拆卸)将其固定在基础、支架或其他设备上;按照工艺流程图和管道布置图的要求进行管道连接,在适当的位置安装阀门、视镜、过滤器等管道附件;管道吹扫;试水试压。完成各种检测和审批环节后,方可投料生产。

3. 管道连接方式

管道的连接方式有固定式和活动式两种。

固定式连接用于不需要拆卸的管道,其连接强度高,不易泄漏,是化工管道的主要连接方式。对于金属管道,固定式连接主要采用焊接。

活动式连接主要有法兰连接、螺纹连接、卡箍连接和承插连接。

法兰连接是化工装置中管道活动连接的主要形式。使用时，将需要连接的管口两端分别连接（主要为焊接）在一对法兰上，法兰间加垫片，通过紧固件将两片法兰收紧，即完成连接。法兰连接的优点是施工方便，拆装容易，密封性好，承压能力强。

4. 常用阀门

1）截止阀

流体由截止阀阀瓣下方向上流经阀瓣与阀座间的环形空间进入阀瓣上部，由出口通道流出。可以通过手轮转动阀杆，带动阀瓣升降以改变环形空间，从而改变流体的流动阻力来达到调节流量的目的。截止阀有着优越的调节流量功能，适用于气体、蒸汽、各类液体，但不适用于有固体颗粒的流体或高黏度流体。截止阀可以在任意位置安装，但流体的流向应与阀门要求一致。

2）闸阀

闸阀通过一块与流体流动方向相垂直的闸板的启闭完成开启和关闭功能。闸阀全开时，闸板可以完全升起进入阀体内，这时流体通道与直通管道一致，可大大降低流体通过阀门的阻力。当闸阀部分开启时，虽可起到流量调节作用，但流体会在闸板后产生涡流，易引起闸板的侵蚀和振动，也易损坏阀体和密封面。因此，闸阀只用作启闭型阀门，而不用作流量调节。闸阀的闸板随阀杆一起作直线运动的，称为明杆闸阀。当明杆闸阀开启时，阀杆也上升，故从阀杆位置可粗略判断阀门的启闭状态。在安装时，必须为阀杆的运动留出足够的空间。阀杆不随闸板升降的称为暗杆闸阀或旋转杆闸阀。

3）球阀

球阀的启闭件为固定在阀杆上的球体，球体中间有供流体流动的通道，当球体绕轴线旋转90°时阀门完成启闭。球阀的流动阻力较小，全通径的球阀在全开时基本没有流动阻力。球阀主要用于切断、分配和改变介质的流动方向，用于流体的调节与控制时要慎重。

由于球阀可快速启闭，且密封性能好，适用于安全等用途的管道启闭。球阀可用于水、溶剂、酸、油品和天然气等一般介质，也适用于浆液和黏性流体，特别适用于含纤维、微小固体颗粒等的介质。

4) 止回阀

止回阀用于保证流体在管道中的单一流向,当流体顺流时开启,逆流时关闭。使用时一定要注意阀门的流向,以免装反。

5) 安全阀

安全阀在系统工作压力超过给定值时即自动开启,使流体外泄,当压力恢复正常后又自动关闭,以保证系统正常操作。常用的安全阀有弹簧式安全阀。

三、实验步骤

(1)熟悉实验流程,了解各设备、管道、阀门、自动控制点和管道附件的作用。

(2)检查、记录各设备和阀门等装置的状况。

(3)通过软管对储罐灌水,至规定液位后停止进水。再次检查,确认一切正常后,点动水泵,检查电动机转向是否正确。以水为物料开车运行,手动控制物料流量,保持系统稳态运行。

(4)将水打入储罐,排净管路存水。选择适当的工具拆卸指定阀门,注意观察法兰连接的基础结构。

(5)选择适当工具制备垫片。

(6)重新安装阀门,注意流向、手轮方位。

(7)待各组完成安装后,按开机要求检查设备,开泵打水循环,检查连接处密封状态,重复至完全不漏。

(8)切断水源、电源,检查设备状态,确认安全后结束实验。

四、实验安全及注意事项

(1)着装要求:穿着军训服,佩戴棉纱手套、安全帽,长发须盘起,眼镜须戴稳或固定。

(2)实验开始前务必仔细检查设备、电路,重点检查电路是否有损坏、老化等现象,确保安全之后方可打开电源开关。

(3)设备及其零部件有一定重量,拆装时小组各成员要注意配合,轻拿轻放,不要伤及人员及损坏设备。设备拆卸时,要注意对相邻管道和设备进行支撑,以免掉落伤人。

(4)实验过程实施的所有操作,均在了解原理、思考清楚后方可进行实操,安全第一。

(5)做完实验要清理场地,整理实验工具。

附录

附录1 气相色谱仪

气相色谱仪是实验室常用的成分分析仪器,是一种多组分混合物分离的工具,在实验室及工业中应用十分普遍。

气相色谱仪是以气相为流动相,采用冲洗法的柱色谱技术。载气由高压瓶(或氢气发生器)供给,经减压阀流速计、色谱柱到检测器,最后放空,被分离的组分最后在电子电位差计的记录仪显示出来。气相色谱仪如附图1所示。

附图1 气相色谱仪

一、色谱分析原理

气相色谱分离利用试样中各组分在气相和固定相间的分配系数不同,当汽化后的试样被载气带入色谱中运行时,组分就在两相间进行反复多次分配(吸附—脱附或吸收—解吸)。由于固定相对各种组分的吸附或溶解能力不同(即保留作用不同),经过一段柱长后,彼此按顺序分开,然后进入检测器,产生的离子信号经过放大后在记录器上描绘出各组分的色谱峰。

二、气相色谱仪组成

1. 气源、流量调节阀和流速计

(1)气源。气源多采用高压瓶(氢、氮、氩等)作高纯气的储存器,并装有减压阀,使高压气体减压成低压气体(0.1~0.5MPa)以供使用。钢瓶供给的气体称为流动相,又称载气。载气的作用主要是把样品输送到色谱柱和检测器中。

(2)流量调节阀。流量调节阀可以调节载气的流速,常用的有稳压阀和针形阀。

(3)流速计。流速计用以测量载气流速,常用的有转子流量计和皂膜流速计等。

2. 色谱柱和恒温器

(1)色谱柱。色谱柱的作用是把混合物分离成单一组分,一般常用不锈钢管或铜管内填充固定相构成,管子呈 U 形或螺丝形。一般柱管内径为 2~8mm,还有内径更小的称为毛细管色谱柱,柱管长度一般为 1~4m 或更长。

(2)恒温器。为了保持色谱柱或检测器内的温度恒定,色谱柱和检测器多置于恒温器内。一般常采用空气恒温方式。

3. 进样器

把样品通进色谱柱的元件称进样器,其中包括汽化室和进样工具,汽化室的作用是将液体或固体样品瞬间汽化为蒸气,进样工具常有定量阀和注射器。

4. 检测器

检测器又称鉴定器,用来检测柱后流出的组分,并以电压或电流信号显示出来。常用的检测器有热导池式、氢火焰离子化式、电子捕获式和火焰光度式检测器数种。

5. 自动记录仪

自动记录仪的作用是将检测器输出的信号记录下来,作为定性、定量分析的依据。

三、气相色谱仪的使用

气相色谱仪品牌、种类繁多,本实验室主要使用北分瑞利 SP-3510 气相色谱仪,具体使用方法请参见说明书,这里仅做一般说明,操作步骤如下:

(1) 打开氮气、氢气、空气发生器的电源开关(或氮气钢瓶总阀),调整输出压力稳定在 0.4MPa 左右(气体发生器一般在出厂时已调整好,不用再调整)。

(2) 打开色谱仪气体净化器的氮气开关转到"开"的位置。注意观察色谱仪载气柱的前压上升并稳定大约 5min 后,打开色谱仪的电源开关。

(3) 设置各工作部温度。

VOC 分析的条件设置。①柱箱:柱箱初始温度 50℃、初始时间 10min、升温速率 5℃/min、终止温度 250℃、终止时间 10min;②进样器和检测器:操作温度都是 250℃。

苯分析时的色谱条件。①柱箱:柱箱初始温度 100℃、初始时间 0min、升温速率 0℃/min、终止温度 0℃、终止时间 0min;②进样器和检测器:操作温度都是 150℃。

(4) 点火。待检测器温度升到 100℃ 以上后,打开净化器上的氢气、空气开关阀到"开"的位置。观察色谱仪上的氢气和空气压力表分别稳定在 0.1MPa 和 0.15MPa 左右。按住点火开关(每次点火时间不能超过 6~8s)点火。同时用明亮的金属片靠近检测器出口,当火点着时在金属片上会看到有明显的水汽。如果在 6~8s 时间内氢气没有被点燃,要松开点火开关,再重新点火。

(5) 打开色谱工作站。在电脑桌面点击工作站图标,连接工作站(若所开工作站工具栏中"谱图采集""手动停止""在处理"图标皆为灰色,说明电脑没有与信号采集器有效连接,需将该窗口关闭重启),选择"通道 A",使仪器走基线。

(6) 样品分析。①样品要求:气相色谱仪所进样品应为液态或气态,固体样品应以相应有机溶剂(如丙酮)进行溶解。样品中不应有固体杂质(可对其进行过滤处理)及在现有分析条件下不可汽化组分。②微量注射器的准备:10μL 微量注射器(气体样品选用100μL微量注射器)以丙酮抽洗15次左右,吸耳球吹干,备用。③进样:待基线稳定,点击"文件"→"引入模板"选择合适的模板文件。用待测样品润洗微量注射器15次左右,准确吸取1μL,按规范进样(进样口),同时按下绿色工作开始按钮,要求进样过程迅速连贯。④停止采集:待所有组分都出峰后,手动停止采集,或待仪器自动停止,并保存数据。

(7)数据处理。将谱图处理完毕后,点击"定量结果"→"计算",并记录结果。

(8)关机操作。①分析结束后,可先关闭氢气发生器及空气发生器,然后进行设备的降温操作。将色谱柱箱温度降至50℃以下,检测器和汽化室温度降至100℃以下,最后退出工作站软件。②关闭色谱仪器:按仪器后侧"开关"按钮将仪器关闭。③关载气:关机后20min左右,关闭氮气钢瓶总阀。

附录2 阿贝折光仪

一、阿贝折光仪使用注意事项

(1)了解浓度—折射率标定曲线的适用温度。

(2)看恒温水浴的触点温度计的设定温度是否在标定曲线的适用温度附近。若不是,则需调整至适用温度。

(3)启动超级恒温水浴,待恒温后,看阿贝折光仪测量室的温度是否正好等于标定曲线的适用温度。若否,则应适当调节超级恒温水浴的触点温度计,使阿贝折光仪测量室的温度正好等于标定曲线的适用温度。

(4)用折光仪测定无水乙醇的折射率,看折光仪的"零点"是否正确。

(5)保持折光仪的清洁,严禁污染光学零件,必要时可用干净的镜头纸或脱脂棉轻轻地擦拭。如光学零件表面有油垢,可用脱脂棉蘸少许洁净的汽油轻轻地擦拭。

二、阿贝折光仪操作步骤

某物质的折射率的测量步骤如下:

(1)测量折射率时,放置待测液体的薄片状空间可称为样品室。测量之前应用镜头纸将样品室的上下磨砂玻璃表面擦拭干净,以免留有其他物质影响测定的精确度。

(2)在样品室关闭且锁紧手柄的挂钩刚好挂上的状态下,用医用注射器将待测的液体从样品室侧面的小孔注入样品室内,然后立即旋转样品室的锁紧手柄,将样品室锁紧(锁紧即可,但不要用力过大)。

(3)适当调节样品室下方和竖置大圆盘侧面的反光镜,使两镜筒内的视场明亮。

(4)从目镜中可看到刻度的镜筒叫读数镜筒(附图2),另一个叫望远镜筒(附图3)。先估计一下样品的折射率数值的大概范围,然后转动竖置大圆盘下方侧面的手轮,将刻度调至样品折射率数值的附近。

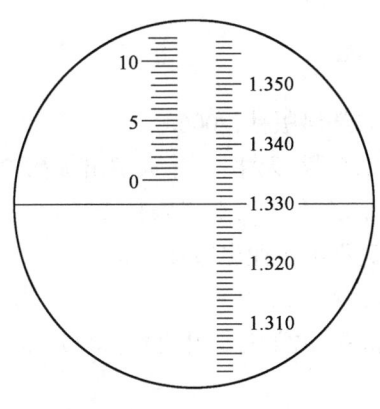

附图2　阿贝折光仪读数镜筒　　　附图3　阿贝折光仪望远镜筒

(5)转动目镜底部侧面的手轮,使望远镜筒视场中除黑白两色外无其他颜色。再旋转竖置大圆盘下方侧面的手轮,将视场中黑白分界线调至斜十字线的中心。

(6)在读数镜筒中看到的右列刻度读数则为待测物质的折射率数值 N_D。

(7)根据读得的折射率数值 N_D 和样品室的温度,从浓度—折射率标定曲线查该样品的质量分数。

参 考 文 献

[1] 夏清,贾绍义. 化工原理[M]. 2版. 天津:天津大学出版社,2006.
[2] 张金利,郭翠梨,胡瑞杰,等. 化工原理实验[M]. 2版. 天津:天津大学出版社,2016.
[3] 乐清华. 化学工程与工艺专业实验[M]. 2版. 北京:化学工业出版社,2008.
[4] 徐春明,杨朝合. 石油炼制工程[M]. 4版. 北京:石油工业出版社,2009.
[5] 周爱东. 化工基础实验[M]. 北京:高等教育出版社,2016.
[6] 房鼎业. 化学工程与工艺专业基础实验[M]. 北京:化学工业出版社,2000.